精准成长

CAREER MAGIC

找准自我节奏和成长路径

［美］李·科克雷尔 著
（Lee Cockerell）

孙如轶 译

民主与建设出版社
·北京·

人们经常问我，

我是否知道成功的秘诀，

以及能否告诉别人如何实现他们的梦想。

我的回答是，你需要通过工作来实现。

——华特·迪士尼

《精准成长》是献给普莉西拉的。她已经容忍我48年了，我们为寻找职业魔法在世界各地搬家11次。当我们意识到魔法是家庭、健康和幸福时，我们终于发现了它就在我们面前。

鸣 谢

这是一本在撰写时让我经常感到有趣的书，但当我想起我职业生涯中的一些真正的沮丧之处时除外。我的成功归功于许多人。如果你在这本书中发现了你的名字，那是因为你对我的职业生涯产生了积极的影响。我相信我已经忘记了你们中的许多人，但我仍然很感激你们。特别感谢我的出版商克里斯蒂安·奥弗斯，他是新兴出版公司的创始人和所有者。

CONTENTS

目录

前 言

2010年秋，作为一名美军驻伊拉克的四星将军和指挥官，我正准备第三次前往伊拉克部署军队。这15个月的时间非常具有挑战性。50 000名驻扎在伊拉克的美军士兵将为伊拉克安全部队提供建议、训练、协助和装备，这支伊拉克安全部队现在处于龙头地位，为他们国家提供安全保障。与此同时，尽管基地组织的实力大不如前，我们的军队仍将面临该组织仍旧强大的威胁。我们还面临着一个非常现实的可能性，即在伊拉克政府未能重申《美伊军事条约》的前提下，我们将被要求在最后期限——2011年12月31日之前——将所有军事力量和装备撤离伊拉克（这就是事实）。

这一次，摆在我们面前的任务规模和战略意义是巨大的。无论是军官还是士官，我需要能当好领导的人。他们中的大多数在最近几年已经部署过多次作战方针，他们能当好领导的角色，能够激励士兵、排兵布阵。这次任务的成功与否和气势是否高昂都依赖于此。所以，如同多年来的做法一样，我拿起电话，打给好朋友李·科克雷尔，询问他是否有机会并且愿意赶到伊拉克与驻伊美军高层对话。"当然！"他告诉我，"你只要说一声，我立马乘下一班飞机去巴格达。"

此后不久，李前往伊拉克，和我们的队伍在胜利营的阿尔法宫待了几天。他和年轻的士兵们在礼堂里聊天，也和初级军官、中尉、上尉和少校在一起攀谈，倾听他们的意见，了解他们每天所面对的挑战。李注意到军方与我们的外交使团成员、使馆工作人员和30多个盟友国家之间的协调密切。他旋即与各级领导人——包括士兵、水手、空军、海军陆战队和平民——一一进行了交谈，并与他们分享了自己的核心领导战略和原则。与李接触的每一个人离开时都备受鼓舞，他传递出的积极性信息在指挥部内引起了共鸣，最终完成了一次非常成功的战略部署。

现在，你可能心存疑问，为什么一位四星级陆军上将会打电话给李·科克雷尔，让他到伊拉克的巴格达去和一群军事领导人对话？我们这位前迪士尼（其口号是"地球上最快乐的地方！"）全球副总裁，竟然会在战区举办一个领导力研讨会！我保证，当你读这本书的时候，答案会和我一样清楚。在领导力方面，李和我的想法是一致的，他具备一种惊人的天赋，能够以一种非常令人信服的方式向大家传递一种原则，这种原则人人拥护。这些年来，我多次拜访李，请他来和我的下级指挥官和领导人讲话，每次他都欣然前往；而且，每次演讲都比上一次的效果更好。

我第一次见到李是在2000年，当时我正参加在佛罗里达州奥兰多市的陆军参谋长为将军举办的战略领导研讨会。作为迪士尼的执行副总裁，李是该会议的最后一位演讲者。

彼时，我们已经听了无数次的发言，大多数人都想着赶紧结束。这时候，李开始了，他滔滔不绝地讲了将近两个小时，没有一页演讲稿，也没有一张幻灯片。一个在酒店业工作了30多年的人，竟然在教将军们如何做领导者。然而，当他结束演讲时，房间里的嘉宾个个都坐得笔直，凝神细听。真是不可思议！

李那天的演讲直抵人心，令人无法抗拒。他经验丰富，又不失谦逊温和，这才是真正的领导。此外，他还真正表现出了对领导力的高度热情，并让人清楚地认识到关爱下属的重要性。用他自己的话来说："管理就是做事、完成、检验。领导力就是激励你的员工完成任务并且对他们照顾有加。"

作为一名退伍军人，李经常谈到所有职业领域中哪怕军队和企业那些卓有成效的领导人所共有的特质，包括对团队合作和努力工作的坚定承诺，积极进取、谦虚谨慎的精神，对学习业务和开拓新项目的饱满热情，以及帮助他人取得成功的良好意愿。李拥有一种卓越的能力，能够以一种易于接受的方式来传达他非凡的领导力哲学。然而，值得注意的是，他所享有的巨大成功的关键并不是源自他理解了这本书中概述的领导原则和技巧，而是他能将这些原则和技巧活学活用。

那天晚上，当陆军参谋长的研讨会结束后，我有机会参观了当地迪士尼的主题公园。我在几家商铺前驻足，询问了一些演员是否知道李·科克雷尔是谁，询问他们是否熟悉他伟大的领袖策略，这些策略已被用于在华特迪士尼世界度假区中培训数千名管理人员。与我交谈的每一个人都积极地给予肯定。他们形容李是一位关心他人、工作积极的领导，他们喜欢为他工作。一名演员对我说："科克雷尔先生不只是老板，也是一位会鼓舞人心的领导者，他会尽力来教育和培养为他工作的人。"这是对李的高度赞扬，他当之无愧。最重要的是，我相信每一个领导者都渴望被下属以这样的方式看待。

在这本书中，李带我们踏上了一段个人旅程，从他还是俄克拉荷马州时的无名小卒开始。经过艰苦的工作、反复的尝试和坚持不懈的努力，他成了一位酒店业以及华特迪士尼公司的成功的高级领导者，备受尊崇。他向读者分享了在其非凡的职业生涯中所学到的许多经验教训，以便于让这些人从中受益。

一旦开始读这本书，你就难以放下它。作为一名既经历过和平年代，又在战争中体验过艰难时刻的高级军官，我个人可以证明李的领导力哲学所具备的巨大价值。他传达出的真挚与热情，既鼓舞人心，又极富感染力。我坚信，如果听从了李的教导，你也会在职业生涯中创造奇迹！

尽情享受这次过山车之旅吧！

美国陆军将军劳埃德·J.奥斯汀三世

简　介

　　我拥有一份成功的事业不是因为顶着迪士尼的魔力光环，而是我应对人生起落的方式让我的事业变得妙不可言。这句话也同样适用于你们自己的事业和职场。是你对发生在身上的事情的反应而不是那些事情使得大家的人生截然不同。

　　在我担任华特迪士尼主题公园的执行副总裁时，我决定写写自己的职业生涯是如何随着时间的推移而发展、我学到了什么以及在这个过程当中我是如何应对每一次经历的。

　　我的职场生涯就像刺激的过山车，有时沿着轨道缓缓上升，平静而从容；有时又在俯冲而下之后急速摇晃，一波数折，惊心动魄。

　　在我几乎经历过一切你能想象到的职业经历，从服役美军到在没有大学学位的前提下找到的第一份工作，从被解雇到一度放弃追求梦想；最终，我得到了这份世界上最不可思议的工作。从此之后，我在退休时所获得的乐趣和成功都比普通人要多得多。

　　我之所以要把在迪士尼工作的经历写下来，是为了帮助参加迪士尼实习项目的年轻人明白做任何事都不是一帆风顺

的。我想让他们明白，他们不仅能顺利度过过渡时期，而且
还能在以后的职场中得到历练和成长。无论你是22岁、42岁
还是62岁，职业生涯在任何时候都有可能偏离轨道。我本人
的事业经历了一系列的浮沉和转变。高潮都是美妙的，而低
谷则是痛苦的，甚至几次让我接近崩溃。

我经历过人生多次的起起落落。而在这段时间里，最
重要的是保持乐观的心态，明白生活中的所有障碍都是短暂
的。你要做的就是举起双臂享受这段旅程，然后爬上下一个
过山车，无论它看起来多么可怕。如果你这样做，你终会回
到正轨上，一切都会好起来。

尽管我现在是半退休状态，但我的事业却比以往任何时
候都要好，我正高举着双臂享受人生的旅程。

职业发展的关键是认识到你沿途学到的东西，好为下一
步做好准备。无论你担任什么职务，如果你勤学好问并对所
选择的职业充满热情，就有机会学到很多东西。

人们总是问我这样的问题："我怎样才能取得成功？我
怎样才能进入管理层？怎样才能升职？怎样才能赚更多
的钱？"

这些问题都很有趣，而我的想法是："我不知道你怎
样才能做到这一点，但我可以告诉你我做过什么以及得到的
效果是什么。"请记住，我是在回顾一路走来自己所做的一
切，并且试图理清我做的哪些事促成了我在职业生涯和个人
生活方面的成功。

有一点我希望你能理解的是，我是就自己如何做到这一
点而提出的建议，因为这就是我所知道的一切。但是建议仅

仅就只是建议而已，因此假如你遵循了我的建议却没有获得成功，请不要责怪我。此后的数年间不要说："这都是作者的错，我听从了他的建议，但没有成功。"

这些方法对我来说是有用的，我希望你也可以从中学到一些东西，无论事情进展是否顺利，希望它都能帮助你做出重要的职业决定。请把你生活中的每一个障碍都想象成一条蜿蜒曲折的路而不是死胡同。

我建议你在职业发展这个话题上向其他人征求一些意见，然后根据你认为会对自己有用的方面制订计划。尽管你不能把每一种情况都提前计划好，但是你可以预计自己的事业将面临什么状况并做好应对之策。"自我反思"和"设定预期"是学习如何做得更好，以及在未来需要注意哪些问题的两个非常有力的方法。

我想，你会开始在商界成功人士的性格特征中发现一种共同的趋势。我之所以举例商界，是因为那是人们衡量成功的一种标准……倘若那是你想要的成功的话。而生活中最重要的事情，也是衡量成功的真正标准是：你自己健康快乐，你爱的人幸福美满。这才是真正的成功！

那些以取得的成就和赚到的金钱作为衡量事业成功标准的人，只完成了"成功"定义中的小部分。我认识许多有着重要职位和头衔的人，他们的个人生活几乎是一团糟。有的人身体不好，有的人饱受婚姻或孩子的问题之苦。从任何意义上去理解，我都不认为那是一种成功。负有盛名和拥有幸福是两个完全不同的概念。你做什么和你是谁，是不一样的。

我在书中给出的建议与给儿子丹尼尔和这些年其他亲近的人给出的建议是一样的。做出十分艰难的决定和冒险都是职业生涯发展过程中的一部分。一般来说，生活也是如此。从接受新角色到为了工作而搬家；从离职到重返学校，这一切都可以在未来中体现出来。毫无挑战力的人生是一种耻辱，因此无须太过谨慎，否则你终有一天会留下许多遗憾。行走在生活边缘也是一种乐趣。

人生要未雨绸缪。一旦你认为时间不够，就需要加快步伐。请记住，我们大多数人会工作45至50年。快速的体验并不总是最好的体验，真正重要的不仅仅是累积经验，而是你从这段经历中所体悟到的东西，以及你如何运用到实践当中，从而成为优秀的人。

祝你好运！

第一章

·
·
·

向上生长，
寻找最温暖的光

·
·
·

在本章中，我将讲述个人职业生涯中的几份工作、我从中学到了什么以及那几份工作究竟如何帮助我走到今天。或许，这对于那些认为所有好工作都与自己擦肩而过的人来说是有益处的。而其中的核心要素在于你得确保自己能充分利用每一次经历，学到最大程度的知识，并由此打下坚实的基础和人际关系网，以便你在每个职场角色上都取得成功。卓越永远是被认可的，因为很多人不在列。

真正的关键在于百尺竿头，永不止步。假使有10个人做你所做的事情，那么不论是"我可以"的态度及对知识和技能所展现出的热情，还是可靠性和执行力，你都要确保自己是最棒的。

在我2006年从迪士尼退休开始创建自己的公司之前，我从事过22份"正式工作"。以我个人的愚见，我在这些工作当中表现得都不错，在每一个岗位上都锐意进取。我相信自己是最棒的，因为我太没有安全感了，所以我只能比其他人更努力地工作。我害怕失败，这是我内心最大的恐惧，而我很好地利用了它来促使我做得更好。

我说"正式工作"是因为我认为全职工作才是正式工作。这些工作是可以支付房租和购买日用品的工作。在这些正式工作之前，我曾做过五份兼职，但那时是住在家里，有母亲的帮助。

那些兼职不像真正的工作那么重要——假如你不好好表现，那么你就没饭吃了。

我相信我通过以下方面的整合使我的职业生涯取得了成功。

· 富有冒险和挑战精神。

· 获得许多不同的工作经验。

· 有耐心。

· 在每一份工作中都比其他人做得更好更努力。

· 专注于这项工作（利用每天的工作时间包括将工作日延伸至六天，从错误中吸取教训，来提高自我意识）。

· 最重要的一点——态度积极，这个下面我会解释。我也有幸遇到了两位伟大的人生导师，对我的发展领域显露出了个人兴趣。

我相信，成功的关键因素之一，是因为我天性乐观，即使在压力下也有好心情。我富有幽默感，很有纪律意识，也有组织性。而且，我热爱我的工作。也就是说，如果你有纪律意识、有组织性、有积极的工作态度，你也可以轻易地做到。事实上，具备了这些特质，你甚至可以在懵懂之中暂时应付得了当下的工作。这些特质让你有时间学习，我们都应给那些付出了最大努力并拥有积极态度的人一些机会。

关于职业发展，我认为，只要每件事都做到精益求精，你的才能就会脱颖而出并得到认可。因此，我的建议是你要成为最棒的人！

· 按时完成工作！不要抱怨，凡事不要找借口。

· 要态度积极，尽好分内之事。

· 成为一名专家。

· 让你的老板看起来满意。

· 不要为老板制造麻烦和额外的工作。

· 要有组织性，成为可以信赖的人。你可能会想阅读我的那本《时间管理魔法：如何每天做更多的事——从生存走向巅峰》（以下简称《时间管理魔法》）。

这是创造职业魔法的第一点建议！

我上了两年大学，成绩不怎么样。我在课堂上学得不好，最好的学习方法是练习，然后把我学到的东西教给别人。我认为，如果父母亲给我买了《自然拼读》《自然数学》《培优作业》或者《傻瓜系列之如何成为优秀学生》的话，我在学校会做得更好——但我有一条原则，那就是不能将自己的过错怪罪于父母。我着迷于寻找乐趣，而正如后来我发现的那样，这并不能让你为面对现实世界做好准备。

我出生在俄克拉荷马州的巴尔特斯维尔，在俄克拉荷马州的科潘附近的一个奶牛场长大。当时家里很穷，屋内连管道都没有。除此之外，有一间屋外厕所，母亲会在炉子上加热水，然后在厨房的大浴缸里给我和哥哥杰克洗澡。之后，我去了安提俄克镇读书，那里从一年级到八年级都在一个教室上课，由一名老师统一教授。九年级到十二年级是在第二个教室，由另一名老师授课。我的母亲结过五次婚。我被收养了两次，并有了自出生起的第三个名字。16岁那年，我的名字改成了科克雷尔。以我这样的出身，未来成为迪士尼运营主管的概率几乎为零。而我从中得到了什么启示呢？那就是永远不要低估你能取得的成就。

　　我8岁时的第一份工作是每天早晨在上学前当挤奶工。家里有电动挤奶机，但我想父母让我干这个活是为了历练我。每天早晨，我在校服外套上一件白色工作服挤奶（奶牛从不休息），然后把牛奶以50美分的价格卖给邻居，也就是住在马路对面的汤普森一家。汤普森夫妇有一个桃园，每到夏天他们会给我新鲜的桃子。那是我的第一份工作，从那时起我就已经知道了什么是小费。对于一个8岁的孩子来说，新鲜的桃子是个不错的福利，而50美分则是一大笔钱。迄今为止，我还没有找到哪种桃子的味道能像8岁时尝到的那样好。你或许会说："李，为什么要告诉我们这些？这些与职业发展有什么关系？"你的工作跟各个方面都有关系！8岁时得到的锻炼，对我以后的所经历的职业生涯具有举足轻重的作用！

　　许多父母并没有让孩子的日常生活变得充实，要求他们负责完成自己的任务，以此增强他们的责任感。我认为，尽早习得良好的工作习惯至关重要。因此，务必让您的孩子具备足够的责任感，直至他们到了能找工作的年龄。比如我和妻子普莉西拉让儿子丹尼尔在暑假工作，他成家后也和自己的妻子瓦莱丽让他们的孩子在暑期工作，同时还要承担起家里的责任。

　　夏天，我和哥哥杰里总会坐在祖父的干草压捆机后面，在他开拖拉机的时候，我们得确保干草捆绑完好。对于我们来说，这很有意思。挤完奶后，我们还要负责打扫谷仓。这可不是什么找乐子的活，除了互相扔牛粪。要是你被打在脸上，那才叫有趣。

五年级后，我们搬到了俄克拉荷马州的阿德摩尔，父亲在那里开了一家大型卡车公司以供应蓬勃发展的石油业务。家里依然穷困，但是情况稍好一些，至少有了室内管道。

在我16岁念十年级那年，我在伐木场做了一份兼职。我还是一个未成年人，但在当时似乎并不重要。我负责的工作就是从火车车厢卸下水泥、板岩和木材，工资是每小时1美元。这份工作又热又辛苦，我确信这不是自己余生想要做的事，虽然能够强身健体。在8月份坐在货车车厢上是我永远不会忘记的经历。

我母亲是全职会计，她教我和哥哥做家务。她要求我们除了打扫房子、洗碗、洗衣服之外，还要熨烫衣服和整理院子。

母亲从来都是说一不二，如果我和哥哥不做好家务活，她会让我们明白这样做的后果。这可不是说着玩的。我们受到的惩罚不仅仅包括"不准休息"或把手机拿走——显然那时还没有手机，即使有，我们也买不起。我到五年级时，家里才买了第一台电视机，所以在我和哥哥的成长过程中有足够的时间做家务活。母亲制订了一个很好的激励计划，只有做完家务活时，才可以去玩。这个办法总能帮助我们集中精力，尽快完成自己的工作。

此后，我和妻子普莉西拉也让儿子丹尼尔在炎热的夏天到俄克拉荷马州的一家养牛场进行同样的艰苦工作，比如清除灌木丛和挖掉篱笆后面的洞口。丹尼尔成家后也会给他的儿子朱利安创造类似的机会。朱利安在园艺行业工作了两个夏天，从早上6点到下午2点，在华氏90度①的高温下，需要拔除杂草，铺设数百袋地膜。他因此学会了很多关于守时守信、与人合作以及听从指示的知识。

园艺公司称它为"留校计划"。我相信这对朱利安来说是有帮助的。因为当他17岁去上大学的时候，他必须每日早起，自己去上课。许多父母并没有通过历练让孩子们学会吃苦耐劳，学会承担责任，从而为孩子以后的人生做好准备。倘若我们不是每天每时每刻都快乐，我母亲也并不会有所触动，但她专注于让我们为今后的成功做好准备。我哥哥后来成了一名外科医生，我最终负责经营迪士尼全球业务。为你的孩子创造机会，这就是你带给他们世界上最好的礼物——自力更生！总有一天，他们会感谢你的。

我的下一份工作是入读十一年级时在帕克药店开处方。有一天我把一辆崭新的送货车碰坏了，因为我当时正在低头看文件，而不是看路。这家药店的老板亨利·帕克斯为人和善，通情达理，他没有解雇我，而是叫我回家休息一会儿。我永远不会忘记他是多么体贴——要知道我当时有多害怕啊。这件事带给我的教训就是不要对事情反应过度。否则，你可能会对他人的自信和自尊造成永久的伤害，对于年轻人更是如此。除此之外，我也负责打理冷饮柜、出售饮料和小食，甚至在开处方的间隙帮店里销售商品。这份工作也让我首次接触到食品业和零售业，服务顾客与清理谷仓和搬卸木材是截然不同的。当然，好处之一是有空调。

---

① 相当于33摄氏度。

　　下一份兼职工作是在大学里，在俄克拉荷马州立大学的校友联谊会当厨房管理员。因为我在厨房和餐厅工作，我又从中学到了很多关于食物准备、物流服务、如何准时工作和团队合作的经验。1962年10月22日，我记得那会儿自己正在上菜，肯尼迪总统忽然出现在电视上，告诉我们他正在派海军封锁古巴周边，必要时将动用武力。这是持续13天的古巴导弹危机的开始。在我的职业生涯中，每当我作为一个领导者需要做出艰难抉择时，我经常想起肯尼迪总统和这件事，与面对苏联尼基塔·赫鲁晓夫以及可能发动的核战争一对比，我的问题看起来就像儿戏。

　　我的下一份工作是19岁时在俄克拉荷马油田，那是在大学一年级离家过暑假的时候，我在寄宿公寓里租了一间房间。在俄克拉荷马州华氏100度①的高温下，我需要在油田帮助修理天然气管道，以及在炼油厂清洁发动机，和我一起工作的人个个都很有毅力。他们在午餐时一边抽烟，一边嚼着整片的生洋葱配三明治。起初，同事们不太关心年轻的大学生，但是到了夏末时，他们就喜欢上我了。也许是因为那时我午餐也吃生洋葱的原因吧。在那份工作中，我学会了保持沉默，照着别人告诉我说的去做。我想那些石油工人喜欢这一点，并因此容忍了我这个新手大学生，这似乎是他们给我的最高褒奖。

　　我在俄克拉荷马州待了两年后，去了内华达州太浩湖②

---

① 相当于38摄氏度。
② 位于美国加州与内华达州之间的高山湖泊。

的哈维旅馆和赌场工作，那是我的最后一份兼职。那年夏天我的第一份工作是当厨房铲工。时薪是2.25美元，工作包括推着小车把各个厨房的油污从厨师烤制汉堡包、培根等食物堆积起来的浅锅里倒出来。我可以告诉你，铲工这份工作并不是人人尊敬，但它教会我铭记在工作当中，每个人都很重要。如果你记住了，这将极大地提升你的事业。

这份工作让我每周挣90美元，而由于我真的没什么可做的，所以这些钱又在下班后玩二十一点时都输在了哈维赌场。

那年夏天的第二份工作是做客房服务，主要是做贵宾房的夜间打扫服务，包括翻床、整理房间和打扫浴室。

一天晚上，在哈维赌场玩二十一点时，一名保安人员忽然走近我，要求查看我的身份证来验证我的年龄。我给他看了我的假驾照，他让我按照身份证上的签名按样写下我的名字。显而易见，我做不到。很快我就被铐上手铐，关进了监狱，直到四小时后我的室友们筹措出100美元保释了我。第二天早上我上了法庭，法官对我罚款25美元，并还给我75美元。他对我和法庭上的其他40名未成年赌徒说，今年夏天最好不要再见到我们。我赌博的日子就这么一去不复返。后来，我的赌注主要变成了自己职业生涯的变动，而这有时也是有风险的。

回想起早期的日子，我想起了几名与我共事过的经理。由于他们所担任的职位或出身，他们不会对每个人都彬彬有礼。就在前几天，我问一个人："有这么几个人，分别是点炸薯条的人、把薯条存放在冰箱里的人、运送的人、烹饪和撒盐的人、上菜的人、清理餐桌的人以及打扫地板的人，你认为谁更重要？"早期的那些工作经历教会了我一件最重要的事就是——每个人都很重要。你应该尊重他们，不然等他们辞职了，你就得一个人做完所有的活。

没有完美的个人，只有完美的团队。

两年后，我从大学退学，并于1964年参了军（这可不是我给我儿子的建议）。这在我们家很常见。我是家里第一个上大学的人。我哥哥是第一个完成学业的，正如我之前提及的，他成为一名整形外科医生。我经常跟人开玩笑，如果我读完大学，我也会有一份非常好的工作。诚然，这的确会让一些大学毕业生感到恼火，因此我不会经常使用这种幽默，尤其是和一些常春藤盟校毕业生，他们中的许多人多年来一直为我工作。不过这样也有一个好处，那就是我不需要偿还大学贷款。

1964年9月，当我登上阿德莫尔的公交车到路易斯安那州利斯维尔的波尔克堡去报到，参加一些基础的训练时，母亲哭了。她后来告诉我，我出生的那天她几乎难产死了，我乘车去参军的那天又差点要死了。对她来说，我正在前往可怕的现实世界！那时的我还不清楚，但很快就明白她为什么哭了。

我在军队里上过烹饪学校，里面有几百名厨师学员，之后我顺利毕业。我在班上排第二名，仅次于一位来自英国的专业厨师，名叫特伦斯·比格斯。很快地，我就对这份工作驾轻就熟。我没有太多的烹饪经验，但我会阅读食谱，我知道如何遵循指示。倘若你认为军队的伙食不好，那是因为你不知道其实是自己不遵循食谱而弄糟的结果。事实上，军队的食物是相当不错的，不要道听途说。

我学会了尽力遵从指示，但好和坏的效果不一。有一次，我做了300个汉堡包的面团，却没有注意什么时候和如何添加酵母。我不打算告诉你整个故事，但那天我过得很糟糕，所幸没有因为破坏所有原料而被军事法庭审判。

接下来的几天里，我被分配去洗碗和剥土豆皮，因为自动脱皮机坏了。我剥土豆的速度比任何人都快，而且态度很好，很快我就做回了厨师。当你遇到挫折时，你需要保持积极的心态，从错误中吸取教训，重新振作起来，不能一而再再而三地重复犯错。态度恶劣、表现不佳只会给你添麻烦，没法儿给你带来任何的好处。

我明白了一个道理，如果允许我做事，且又有人教我如何去做，那么我就可以做到。这是一个不错的关于自我意识方面的经验，并且可能是领导者最重要的特质之一。

我在军队里遇到了两个英国人，格雷厄姆·克罗马克和特伦斯·比格斯。他们是我见过的第一批外国人。在那个年代，如果你有美国绿卡，你就必须在军队服役。

之后我退役了，我和在烹饪学校击败我拿到第一的专业厨师特伦斯·比格斯一起去了华盛顿特区，并和他同住一间公寓。如果可能的话，请花时间与第一名待在一起，你可以借此向他们学习。结识良师益友没有坏处。事实上，与他人建立良好的关系将是你事业成功的重要因素。

特伦斯告诉我，他将成为华盛顿希尔顿酒店的主厨，这家酒店将在三周后开业，他也会帮我找份工作。这对我来说是个好主意，我想，不妨冒个险吧。我当时才20岁，有什么赌不起的呢？当你20岁的时候，能发生的最糟糕的事情是什么？参军是我出生后第二次走出俄克拉荷马州，而去华盛顿是第三次。上一次是我19岁时的达拉斯一日游，那儿距离我在阿德莫尔的家只有90英里。

我们在阿德莫尔停下，然后驾车跨越省州，于两天后也就是3月1日到达了华盛顿特区，入住弗吉尼亚的双桥万豪酒店。万豪酒店在当时的服务已经处于领先水平，你甚至不用下车，工作人员就已经为你办理了驾驶登记。房间是每晚8美元。1964年，万豪拥有大约12家酒店，可我却从没听说过它们。那时我还以为万豪只是一家小小的酒店公司。然而我错了！几年后，万豪成了我职业生涯的重要组成部分。1973年，他们实际拥有了32家酒店。永远不要低估你所能企及的方向。如今，万豪拥有超过4000家酒店。

第二天，我和特伦斯去了华盛顿希尔顿酒店，结果发现我的朋友特伦斯实际上是客房部的早餐厨师，而非主厨。从这得出的教训是，不要相信每个人的话。我随之明白了许多人会提高他们的履历，欲盖弥彰，偷梁换柱也不是没有。只看故事的一个方面的话，所有故事听起来都是真的。现在，我几乎每天都会想起这一课。如同那句话所说，"相信，但要核实"。比如，一名申请人曾在申请表上列出他在政府工作过两年。尽管证明是真的，但事实上，那两年他是在监狱工作。

距离华盛顿希尔顿酒店盛大的开幕式只有两周的时间，因此各方面陷入了一片混乱之中。人事部经理随之问我：

"你想做什么？你想要什么工作？"

我茫然地看着她，不知道自己想做什么，因为除了几家有10个房间的土里土气的汽车旅馆之外，我从来没有去过一家像样的酒店，也从来没有去过铺有亚麻餐巾、摆着各式刀叉和汤勺的上好餐馆。所以，哪怕我早料到了这个问题，我仍然吃了一惊。在我家里，你可以在吃馅饼的时候舔着餐叉，那时洗碗的任务都包在哥哥和我身上，家里压根连洗碗机都没有。

过了一会儿，我恢复了镇定，脑子快速地思考。我告诉她，我想做一名像在电视电影中看到的那样的客房服务员。因为，我注意到这些服务员会得到现金小费。我没有信用卡，因此收到现金似乎是个很不错的主意。在上次股市暴跌期间，我也学到了为什么人们会说："现金为王！"我希望自己能早点学到这一课，但现在我将永远记住它。你瞧，不同的经历会让你以不同的方式思考。阅读有关股市下跌的文章和用自己的钱来体验它是两回事。得知他人破财并不足以感伤，失去自己的钱才是非常难过的！

人事经理说："不行，客房服务工作已经满员了，你可以当宴会服务员。"我同意了，尽管不太清楚那是什么。我唯一参加过的宴会是我的高中毕业舞会晚宴，那是在阿德莫尔的基督教女青年会地下室举行的。

被雇用后，我走进酒店的大宴会厅，差点吓到心脏病发作。他们告诉我，这里能容纳3000位客人。我还是不知道他们为什么给了我那份工作。我唯一的经验是担任大学联谊会会堂的厨房管理员，一次只能接待25到40人。我推测，有一点经验总比完全没有经验好。所有的经验都是宝贵的，而且你永远不知道什么时候它就会有回报。我确实在申请表上列出了我在联谊会会堂和军队的餐饮服务经验。当你年轻的时候，许多雇主会因为缺乏经验而拒绝你，所以你要竭尽所能地获得每一点经验。

我根本不知道如何成为一个专业的服务生，但我很幸运。其中一个宴会主管库尔特，这位德国人把我放在了他的羽翼下，并且告诉我要专心，他会训练我，一切都会好起来的。我立刻就爱上了这个男人。我们都需要寻找机会去帮助别人。没有人生来就拥有经验，所以如果可以的话请给人们一个喘息的机会，特别是当他们有能力、积极的态度和激情的时候。我称他们为高潜力人才。他们唯一缺少就是技能，然而这是可以通过训练获得的。

如果不是库尔特的话，我不知道我今天会在哪里。他的训练确实帮助我成功了。如果你是一个领导者，你的工作就是培养别人。就像库尔特一样。

首先，我学会了所有花式餐巾折叠法，以及如何在没有夹式裙边的情况下围好桌子，因为那时它还没有被发明出来。我们没有别针却要用桌布围着桌子。你必须学会如何折叠布料，以便它们刚好落下离地板半英寸。这很难做到。我知道了杯子的位置、使用顺序，以及可以用哪些杯子倒入酒和水。

即使在今天，我还会利用在那项工作中学到的东西。我和普莉西拉可以邀请50个人到我们家吃饭，并且自己动手——无须任何人或酒席承办公司的帮助。多年来，那个职位为我提供了很大的帮助，也为我节省了很多开支。

从那时起，我进行了渐进式的训练、观察、练习，而最主要的是犯错误并从中吸取教训。我问过很多问题，因为这里提供的大多数食物我都从来没有见过。至少它不是像我妈妈在俄克拉荷马州的家中或者当地的餐馆那样准备和展示的。我第一次吃到羊羔、牡蛎、蜗牛和用来制作阿拉斯加旋风冰激凌的红樱桃，我从没有在俄克拉荷马州吃过这些。谁听说过旋风冰激凌？

我一直很配合工作。当我的老板想要有人熬夜或提早开门时，我会举起手自荐。这事在之后有了回报。这么多年来我的老板们都很喜欢这一点。有些东西是永远不变的。人们希望与那些愿意付出额外努力、有良好职业道德和良好态度的人一起工作。

要我说的话，我很好地掌握了这份工作，而且成为一名出色的宴会服务生。我曾在一次晚宴上为坐在主位的前美国总统林登·约翰逊服务，还招待过参议员特德·肯尼迪，当时他还坐在轮椅上，因为他在1964年初遭遇过一次飞机失事。我为这么多名人服务过，甚至开始记不清他们了。有些人和蔼可亲，有些人则不是。这也是一个很好的体验，这将在我以后的职业生涯中发挥很大的作用。善待他人本身就是一种美德。我妈妈常说，不必因为声望而自视过高。我向你保证，谦卑会对你有所帮助。当你是大人物时，不要自命不凡！

我学会了如何提供食品和饮料，所有关于葡萄酒和供应葡萄酒的知识，以及如何切东西。我学会了怎样打开牡蛎。我学会了俄语服务、法语服务，还有美国老牌美食餐饮服务。我学会了如何做酒保。我学会了如何与名人和那些自认为名人的人进行简短的交谈。我学会了如何在个人外观上做到专业，并冒着被解雇的风险去花时间擦自己鞋子。我学会了欣赏来自世界各国的同事们。这段经历告诉了我多样性的重要性，这是我在俄克拉荷马州成长的时候没有机会学到的。我学会了如何努力工作，即使在长时间的连续轮班过程中，也是如此。通常早上5点我已经在工作了，直到午夜，然后第二天再回来吃早饭。在那些日子里，我也学会了如何保持专业、友好和彬彬有礼。你要保持身体健康，高能量和耐力很重要，会帮助你成功和释放压力。

这段经历向我展示了幕后发生的事情的另一面：同事盗窃产品，欺骗老板的方法，以及如何使客人开出更大金额的支票，这样小费就会增加。

我观察到所谓的领导者行为不端，眼看着他们做一些违背公司政策的事情——或者，至少是判断错误的事。他们的妈妈不会对他们的行为感到满意的。我不尊重他们中的许多人。当我和人打交道时，我从来不想忘记这一课，并且就像我如今在书中和研讨会上告诉人们的那样："请注意你的言行，因为总有人在注视着你，评判着你。"你的名誉每天都在受到威胁。珍惜它并保护它。现今的一个错误会通过互联网，对你的事业造成永久性的损害。

我经历过被老板和客人当作无名小卒般对待的时候。我经历过老板从来不过问我的意见的时候。它们是非常糟糕的例子。我从来没有见过酒店的总经理。我觉得他在幕后并不会感到舒适。我和很多"经理"一起工作过，他们不理解领导的责任和意义，也不懂得怎样做一个好的榜样。

你可能会说这些经历有什么价值？我要告诉你，你在大学里买不到这门课。我之所以知道这一点，是因为我曾上过大学，而这些经历不在那里。你从经历中学到的东西不仅会进入你的脑海，而且会深入你的内心——永远不会被遗忘！它们在那里等着，直到将来的某个时候你需要它们。经验可以大大地提升你的直觉和判断力。现在的年轻人不想要理论。他们想要现实。大学教会你理论。社会经历教会你现实。你需要两者都具备。

我知道有些人永远不会知道的事情。我看到了这份服务工作中有些人永远不会看到的东西。我在20岁的时候就在这份工作中看到并做到一些事情，这些事情在之后帮助我成为一名更好的经理和领导者。这段经历让我知道我什么时候做对了，什么时候做错了。

这份工作的积极方面是我赚了很多钱。那是1965年，我在九个月内赚了13 000美元，然后夏天休假去了大西洋城的海滩。缺点是我日夜都需要工作。在那些日子里，我们的日程一般只提前三天公布，因此很难提前计划任何旅行或娱乐活动。就像那里的每一份工作一样有利有弊。让我提醒你，每一份工作都有好的方面和不太好的方面。这才是人生。有好日子，也有坏日子。

我知道了工会，并且是旅餐馆职工工会的成员。我曾处于双方立场，并明确了解各自的态度。在我作为迪士尼的执行官参与工会谈判时，这无疑对我职业生涯后期的工作有很大帮助。不要低估理解对方和妥协艺术的重要性。

夏季的大型会议酒店不那么繁忙，所以我可以放暑假。第一个夏天我去了大西洋城。很久以前，所有的赌场都在那里。大西洋城非常好。我喜欢这儿的木板路和海滩。我一到大西洋城，就在肯塔基酒店找到了一间价格为每周10美元的房间。这个地方很可怕，如果发生火灾，它肯定会在60秒内被烧毁。接下来，我开始找工作。多亏了我在华盛顿希尔顿酒店当服务生的经历，我很快在太平洋大道上的路易吉意大利餐厅找到了一份工作。正如我之前所说，所有的经验都有价值。这是我一生中最好的夏天之一。我每周工作五天，从下午4点到晚上9点，在剩下的19个小时里我玩得很开心。我会永远记得这些故事。我每晚能赚25到30美元的现金小费。在那个时代，几乎没有人用信用卡付款。

这一次，我又学到了很多。宴会服务生和餐馆服务员是不同的，我学到了很多关于意大利菜的知识。老板为所有员工提供了餐点，但我们唯一能品尝的是意大利面条和意大利面包配番茄酱。此外，我们被禁止吃肉酱或肉丸，因此我那三个月每天都吃同样的饭。几个星期后，我和其他20个年轻人一起搬进了大西洋大道上的一所大公寓，每个人每周需支付10美元。这间公寓很棒。整个夏天，厨房里24小时都在进行扑克游戏。由于以前在太浩湖赌博出过事，所以我并没有选择参与其中。

我认为每个年轻人都应该尝试去做服务员的工作。它会教你如何在危机时刻保持镇定、头脑清晰地为各色人等服务。有些人会留下很多小费，有些人什么也没留下。当儿子丹尼尔到可以工作的年龄之后，我们让他在马里兰州海洋城的菲利普"螃蟹之家"饭店做服务员。之后，当孙子朱利安也够年龄了之后，他同样当过服务生。对于内向的人来说，这是世界上最好的工作之一。从6月开始时你是一个内向的人；而到夏天结束时，你就变成了外向者。

在9月份夏天结束之后，我回到华盛顿希尔顿酒店，继续做我的全职宴会服务生。然而几个月后，我决定找一份办公室工作，让我在日程安排上有更多的一致性。因为我想在周末休息，另外工作日可以于每天下午5点回家。我听说餐饮会计部有这样的职位，但是是一份文员工作。我随后提出申请，可被拒绝了，因为我在这方面没有任何经验。我告诉部门经理，我在大学里修过两次会计学，可这还不足以打动他。

大约两个月后，餐饮部经理来找我，问我是否还想要这份工作。我说："是的。"我以为我得到了重大突破，但事实证明，他之所以给了我这份工作，是因为他找不到其他人能够接受一周80美元的薪水。那时，我做宴会服务生的工资是这份工作的好几倍。

即使薪水很低，但由于我是单身，所以我觉得能找到办法养活自己。我的房租是每月52美元，地点就位于希尔顿酒店附近，而且我大部分的餐点都是在酒店免费吃的。因此，如果你想获得经验，你常常需要付出代价。不用担心你年轻时挣多少钱，而要担心你年老时需要挣多少钱。

我接受了餐饮管理文员的职位，但很快我就不得不在一家法国餐馆找了份晚间服务生的工作，以便负担我的房租、车贷和经常前往乔治敦的迪斯科舞厅和餐馆的费用。我的娱乐支出很高。我很少在下午5点前下班，周末也不会休息。我每周做六个晚上的服务员，星期一到星期五的白天则是做文员的工作。我确实每个星期天都会休息，所以情况比之前要好一点。而好处呢？我因此学会了如何在高档餐厅做餐厅服务员，这与做宴会服务生截然不同。因此，我又有了另一种经历。当我成为一名餐饮部经理时，这份经历将让我之后的职业生涯得到回报。

在我担任餐饮管理的文员的期间，我学到了很多东西。我的老板是个条理非常清晰的人。他给我制定了一张日程表，详细到每分每秒，并把它贴在我桌子旁边的墙上，因此我不得不按时间表行事。

- 8：00-8：15　去厨师办公室拿食品转运表格
- 8：15-8：45　给转运表格标价
- 8：45-9：00　去食品储藏室收集前一天的食品申购单
- 9：00-10：00　给食品申购单标价
- 10：00-10：15　休息
- 10：15-11：00　给饮料申购单标价
- 11：00-11：30　审核每一张发票的准确性
- 11：30-12：00　盘点客房服务
- 12：00-下午1：00　午餐

一整天就是这样度过的，直到下午5点下班为止。尽管老板要求非常严格，但我在这里见识到了清单的作用。自从学到了这一课之后，时至今日我都十分喜欢制定清单。你要明白，那时还没有电脑，更不用说具有任务列表功能的手机了。当然，我们配有大型手动计算器，它们可以做基本的数学运算，但速度很慢。

我的老板随后又教会了我很多关于会计系统的知识，如何分析损益报表，以及如何使用模型来编制单位损益表从而分配非直接成本。他是法国人，因此每当月底盘点葡萄酒时，他都会让我叫出每一种葡萄酒的名称。那时，大酒店和高档餐厅里主要是法国葡萄酒。他让我说出葡萄酒的名字有两个原因，第一个原因是想让我学习如何发音，第二个原因是这个来自俄克拉荷马州的青年试图读出那些葡萄酒的正确发音时总会让他忍不住发笑。待他的笑声终于停下来了之后，他会花时间向我讲解每种葡萄酒的产地。我的老板教了我很多知识，我很感激他的教导，因此当我在23年后途经法国，我可以在外出吃饭的时候轻松地把葡萄酒的名字念出来。尽管我的法语很差，但我仍然能正确地说出法国葡萄酒的发音。

我从这份工作中收获了很多，这样的经历非常棒。回顾从前，我其实挣的并不多，但我学到了很多东西，因此这是值得的。正如你所看到的，如果你从"学到的"（Learned）中去掉"L"，你就会发现"挣得的"这个词就是你应该看待经历的方式。你从那些经历中带走了什么是可以永远保留以便日后能用到的，甚至是可以送给别人作为礼物的？当你自己做完这项工作后，你的可信度就会随之而显著增加。

你应该每天都尝试学习新的东西，无论你处在什么样的岗位，这无疑是一种既不会感到厌倦又能为下一次机会做准备的可靠方法。

　　我经常听到迪士尼大学的演员们说，他们无法从我们分配的工作中学到任何知识。我知道这不是真的。在每一份工作中，如果你能做到足够专注，勇于提出问题并有学习的欲望，你就能学到很多东西。如今，你没有理由不学习，因为你可以随时使用搜索软件帮助自己提升。

　　请记住，每种生活体验都可以被视为一次好的体验，这取决于你选择以怎样的方式看待它。我从前面三份工作中学到的知识非常宝贵，至今都觉得受益匪浅。尽管当时我的薪水很低，但我获得了价值百万美元的经验。

　　接下来，我将回顾在成为最佳餐饮管理人员之后的两份工作，我将和您分享我是如何赚得两百万美元的经验的！

第二章

·
·
·

将自己修炼成排雷手，
才不担心被埋雷

·
·
·

在过去的三份工作中，我获得了第一个价值百万的工作经验，该如何处理呢？我决定把它投资到更多的经验中去，试图最大限度地利用这第一笔百万经验，使之增加到几百万。

正如我的一位老板很久以前对我说的："李，你要考虑的是你现在的工作，而不是你想要的工作。"

他建议我最好是把目前的工作做好，否则就不用想下一份工作了。他的话还意味着要用专注的态度、专业的姿态、良好的职业道德、高效率的工作质量，以及守时守信、善用沟通、持之以恒的态度和方法努力做到最好。只有这样，下一份工作才会到来。

当你做得很好的时候，很快就会有人注意到，因为很多人的工作都仅仅是差强人意。

请记住，这本书的目的是分给每个人一些精神食粮。如果你能开始用不同的方式思考，你就可以以不同的方式行动和表现。只要拥有一些自我意识和主观能动性、能够坚持不懈地学习、发挥自控力、保留些许耐心的话，我认为只要你拥有梦想，你就能实现它，就像创始人华特迪士尼对他自己说的那样："一旦你拥有梦想，你就能实现它。"

我还要说明的是，在你的每一次经历中，你都可以学到将来能运用到的知识。从现在开始，把每一次经历都看作是学习的机会吧。

我并不是说，这种感觉在我当初几份工作时就出现了。我和许多人一样，不了解经验的价值，也不明白它是如何以一种特殊而持久的方式指导你。不过我现在知道了，那就是你可以向其他经历过一些事的人学习。假如我听起来像你爸妈在唠叨，我很抱歉，但这是事实。你的父母会喋喋不休地教导你，是因为他们爱你，而我这样做是因为我想让你拥有一份事业，一份激动人心而又充实的事业。

蓦然回首，我曾经遇到的一些最不堪的工作、最差劲的老板和最糟糕的情况其实都是我最宝贵的经历。请记得，我说的是回顾过去。那时，我并不总是认为自己正在收获很好的经验。有时，我甚至觉得自己正在遭受不公正的待遇，本不应该接过这份工作。我觉得薪水不足，未被重视，而且过度劳累。你有过这样的感觉吗？如果你的答案是否定的，那么你是一个非常幸运的人，请常怀感恩之心吧。

每个人的事业就像过山车，并不总是一帆风顺。它们是上下起伏的，过了一段时间你就会发现，只要你保持乐观，这些可怕的低谷期都是暂时的。如果你有决心的话，你就会继续往上走，尽管你有时会希望旅途赶紧结束。

有时，这些消极的经历会被归咎为运气不好、性格原因、错误的时间地点、不公平以及许多其他的原因。我可以告诉你，我的职业生涯也有过几次起伏。在接下来的几章中，您将了解到更多这方面的信息。也许我的故事会帮助你避免一些同样的职业错误和危险。

当这些消极的情况发生时，你必须振作起来重新开始。

希望你能从每一次经历中吸取教训，同样的事情就不会一而再再而三地发生。正如我前面所说，错误是否会重复取决于你做的决定。

在第一章中，我谈到了我的前三份全职工作。第一份是美国军队的厨师，第二份是宴会服务生，第三份是华盛顿希尔顿酒店餐饮部的职员，这是位于华盛顿特区的一个非常大的商务酒店，也是约翰·辛克利在1981年3月30日刺杀美国前总统里根的酒店。奇妙的是，约翰·辛克利出生在我成长的俄克拉荷马州阿德莫尔。只不过，我的事业比他的好。

回顾从前，我在前三份工作中学到的东西比我当时在做这三份工作的时候能够想象的还要多。如果你正在读这篇文章，请记住每一次经历都很重要！

至于我接下来的两个职位……

当公司决定扩招餐饮主管，并在世界各地的每家希尔顿酒店都设立同样的职位时，我已经担任了大约八个月的餐饮管理员。当他们开始寻找管理人员来为这个新角色进行培训时，我正好是理想人选。那时的我已经具备了经验，且作为一名文员，我做得也很好。因此我被选入管理培训项目，此前接受低薪的文员工作就此正式得到回报。有时候，你只需要找一份较低级别的工作，迈出你的第一步，这样你就能展现自己的优秀。

我随后被派往芝加哥进行为期一周的课堂培训，以学习这个新角色的技术知识。课程在希尔顿旗下最著名的酒店之一——帕尔玛汽车旅馆举行。训练结束后，我回到华盛顿特区，并被指派担任餐饮主管助理的职位。尽管我当时还未能担任负责本部门工作的餐饮主管，但我已经迈出了第一步——这就取得了一半的胜利。

没人向我报告，但谁在乎呢？我有名片，上面印着我认为不错的头衔，这给我常去的乔治敦夜总会的一些女士留下了深刻的印象。收到名片是我早期职业生涯的亮点之一。不要低估这些小事对员工的价值。

这个新职位被划归为管理层，并让我工作的时间比我当文员时多得多，而且无法收到任何加班费。在那个时代，没有豁免和非豁免的职位。

我需要日夜工作，因此不得不放弃在法国餐馆当服务员的工作，我才能够继续担任这个新的受薪岗位。

我开始做兼职宴会服务生。我可以用我的午餐时间在希尔顿酒店为宴会午餐服务，尽管我是这家酒店的经理之一。我除了有时做当值服务员之外，晚上还要继续工作，因此晚上去乔治敦的迪斯科舞厅的次数大幅度减少。倘若你真的想赚钱，总会有办法的。

的确！在那些日子里，午餐时长是一小时——我想，那是过去的美好时光了。你能想象作为一个领工资的人，我可以在管理工作日中间为额外的钱在工作宴会上做服务员吗？在过去，没有我们现在那些政府和公司的关于你在值班和下班时能做什么和不能做什么的规定。在政府、人力资源部门和法律部门中，过去的美好时光早已逝去，许多人因为如今的法律法规限制了他们的收入而变得越来越贫穷和不富裕。

如你所知，时间还在继续，不久后我的上司辞职回法国了，而我随即被提拔到他的工作岗位上。如果你做好准备，并坚持下去，有些事总是会发生的。

现在，有两个人向我汇报工作。我仍然只接受过技术培训。没有一个人在重要场合向我提起过有关管理或者领导力的问题！我得到了新的名片，上面写着"餐饮主管"。我很喜欢那张名片并立刻给我的母亲和祖母寄去一堆名片来送给她们的朋友，以证明我正在取得进步。

作为餐饮主管，我对新工作的管理部分没有问题，主要工作是行政管理和财务记账，以控制餐饮成本。看起来我好像知道自己在做什么，为每个客户制定详细的清单，以便建立一个良好的客户追踪系统。我从来没有接受过领导职责的训练，因此几番自省过后，我认为自己做得还不错。我很尊重我的员工，尽量满足他们例如休假或是类似的个人需求。或许，他们现在会评价我是一个不错的领导者，尽管我从未有过关于领导力的整体概念。我在俄克拉荷马州长大，在那里邻里之间互相帮助。这就是我在工作中所经常运用并加以实践的，建议你也这么做。

在这个职位上，我学到了很多关于组织纪律性的知识，因为在处理数字的过程中，各方之间必须保持平衡。我在这份工作中学到的会计知识比在大学里多得多。正如之前介绍的，我在大学里修过两次会计学，最终都只得了D。然而在工作中，我取得了A的成绩。实践经验是我一直以来收获最多的。请永远记住，不要因为某人没有受过一定程度的正规教育而去否定他们。学习方法因人而异。

我上任后做的第一件事就是把办公室搬到了彼得·克莱泽位于主厨房的办公室旁边，因为"他就是我的目标"。

此人是行政主厨，也是我的上级，我想接近他——这么做不仅是为了把工作做得更好，而且可以进一步了解他，也让他能够了解我。他会对我的未来有很大的发言权。接近上司这个行为是我这次在升职当中学会的。不要把自己变得与他人孤立，倘若你这样做了，你就会被遗忘，变得无关紧要。

我的新办公室就位于厨房中央，透过室内的大窗户可以俯瞰人们在厨房里忙碌的样子。新职位的职责是严加管控餐饮控制系统和相关流程。由于办公地点在厨房，我把自己变成厨房的一分子，由此认识了所有的厨师、洗碗工以及该区域的其他手下。让人们认识你、经常见到你对你完成工作有莫大的帮助，特别是在控制成本与财务审计等领域。在我未来职业的所有工作中，我都会确保我的办公室处于流动的中间位置，可以时常深入基层。关于这一点，我肯定也会在今后分享的职位中指出来。与人建立融洽的关系对于通过他人帮助你做好自己的工作至关重要。

克莱泽主厨教了我很多，他是一位优秀的经理，思维颇有条理。因为他得确保他的团队可以为3000名客人烹饪食材和为宴会准备足量的酒水。与此同时，他还要管理几家餐馆。克莱泽主厨也是一位伟大的领导者，我会观察他是如何领导他的团队的。克莱泽像是一个师长，且无论是什么层次的人，他都予以尊重。他为人严厉，但处事公平。他总是和团队员工一起用餐，无论那些人担任什么职务，每个人都会在他的餐桌上受到欢迎。我从来没听过他提高嗓门或试图威吓任何人，而当时很多主厨都有这样的坏习惯。

有一次，我在准备一场3000人的宴会时订错了瓜类。我本应该订甜瓜，但我却订了可丽香瓜。我永远不会忘记克莱泽主厨对我说的话。他告诉我："李，你可以犯一次傻，也可以傻一辈子。当你不懂的时候，你应该问出你的疑惑，然后你就会知道该怎么做，这样的话你就只会犯这么一次傻。"

事实是，如果你不懂又不开口请教询问，那你真的就是个傻瓜，没有人会尊重那些自认为或表现得好像无所不知的人。保持谦逊是一件重要的事，这样能为你赢得很多信任。许多领导都没有学到这一点，包括我自己在职业生涯早期的时候也是如此。自信和骄傲通常导致我们缄口不言。然而，我仍旧没有做得像我自己希望的那么好。我在迪士尼的老板阿尔·维斯询问的问题比我认识的任何人都多，他从不害怕说："我不明白。请再跟我解释一遍，因为我还没懂。"我估计这就是为什么他是迪士尼全球总裁的缘故以及后来成为整个迪士尼主题乐园和度假区总裁的原因所在。

还有一件事是我在管理岗位上学到的，现在想想很有趣，但那时可不是这种感觉。那时，我因工作需要订了1500个鳄梨，但因为预订时间晚了，因此直至宴会前一天那些鳄梨仍然硬得难以食用。最后，我把它们铺在酒店的泳池甲板上，上面盖着毯子，以便在宴会前催熟这些鳄梨。直到今天，我仍然认为自己当时是再三斟酌了当时的情形和在时间紧迫的前提下完成了此事。

我想，假如当初那些鳄梨没有成熟的话，主厨肯定会炒了我的。因为我记得这是在甜瓜事件后不久的事。你能想象自己会因一堆鳄梨被炒了吗？这绝对是一个你不想分享给别人的故事，或是不想向未来的雇主说明为什么不再做上一份工作的原因。

有一件事是肯定的，我学习的空当主厨给了我很多休息时间，因为我的态度良好，而且我很努力。光是这一点或许是我学到的最好的经验。人们要么会给你喘息的机会，要么干脆忽略你，让你遭遇挫折。积极的态度往往是你最好的品质，即使你有些时候需要假装。

当我在迪士尼的时候，两名迪士尼大学的学生分别在同一天来找我。第一个学生告诉我，这是她一生中最糟糕的经历，完全是浪费时间。她宣称自己在华特迪士尼世界度假区里一无所获。那天下午稍晚些时，第二个学生来看我，告诉我这是她一生中最好的经历，她想在毕业后再回来继续工作。实际上，第一个人告诉我的是，她看不上这份工作。我估计她的职业生涯会令人失望。她认为自己是大学生，因此她应该得到不同的待遇，可她真正需要的是经验，而她却看不到这一点，自我认知的重点放错了。坦白说，没人在乎你上哪所学校，他们关心的是你能做什么，你又能做得有多好。能够让你成功的三大要素分别是专业技能、积极好学的态度和对工作的热情。可第一个人只有专业技能，缺少其他二者对她不利。

这两名学生都从事快餐业。我认为两者的区别纯粹是心态是否谦逊，我很好奇她们的父母是怎么抚养她们的。如果让我来采访这两名学生的父母，我可以非常准确地预测他们的孩子将会是什么样的员工。

　　我可以告诉你，我在厨房里坐地砖和在公共场所坐地毯一样舒服。很多人在后台或幕后感到不舒服，是因为他们从未体验过。正如我们在餐饮行业中所说的，厨房是"房子的心脏"，而心脏是一个非常重要的器官，不是吗？

　　不久之后，我被晋升到拥有2000间客房的芝加哥康拉德希尔顿酒店（现被称为芝加哥希尔顿酒店）担任餐饮主管。在芝加哥的这个新职位上，我学到了很多不同的东西。我拥有更多的员工，餐饮场所也变得更大、更忙碌，环境也更复杂。

　　除此之外，我们甚至还做商业食品和真空食品的生意，以便运送到其他酒店。围绕这种操作随之而来的法律和安全问题错综复杂，烦琐乏味。我们是通过洲际航线运送食物的，这个环节必须准备得恰到好处，而且必须从头到尾对各种包装程序进行检查，即便这些包装程序是正确处理的。这里面有许多新东西需要我快速地学习。

　　在这个职位上，我学到的一件很重要的事是，如果没有良好的人际关系技巧，所谓的权威——或者我认为的权威——是行不通的。当时，我只顾一头扎到工作中，时刻想着怎么给现有工作添砖加瓦，却忽略了与行政主厨建立良好的人际关系，而后者比我年长许多。因此，我们的关系变得非常紧张，以至于他禁止我去厨房并让我回到行政楼层的办公室，以便不再打扰他。我以前在华盛顿希尔顿酒店工作时，把办公室搬到了主厨室旁边，以便能更好地与之相处。然而在芝加哥我忘了这么做，为此付出了高昂的代价。自此之后，我再没有重复犯过那样的错误了。

接下来的一周，我尝试着向这位主厨道歉，随之花了几个月的时间才得以开始做我被派去做的事。通过这件事我明白了，你必须先接触别人，然后才能接触到任务。在你试图行使你的权力之前，你最好花点时间建立信任关系。

我知道自己并不像我想象的那么重要。我知道该做些什么，但我没有意识到在一个新的环境中，一切必须重新开始，因为没有人知道你的能力。我是新来的人，有些人甚至视我为眼中钉。想象一下！当你晋升时，并不是每个人都为你高兴。哪些人晋升时没有祝贺别人，哪些人又没有得到祝贺，我总是了然于心。

如果你一件事都做不成，那么你的技术和管理专长就显得毫无意义。当遇到前方阻力时，很多事情你没法完成，你怎样在别人的帮助下把事情做完，这就是领导地位的关键所在。倘若当时我就明白优秀领导者的重要性，正如我现在知道的一样，我绝不会落入傲慢的陷阱。傲慢对你来说无济于事，反而对你的事业和你周围的人都是危险的。

我学到的另一件事是，当你有问题时，私下见面沟通是十分重要的，而不是递一张无礼的便条或是发送电子邮件。这也是我和厨师之间问题的一部分。我给他发备忘录并抄送给他的上司，因为我太害怕了，不敢亲自去见他。我可以告诉你，其实这根本行不通，反而是在火上浇油。为什么之前没有人教我这些东西？

一切在劫难逃，我的上司也被他吓到了，因此我的处境十分艰难。我不能指望我的上司帮我摆脱这一烂摊子，因为他比我更怕主厨。有一天，上司问我："李，你多大了？"

我说我23岁了，他说："你到了这个年龄，就不能像那样和别人说话了。"事实上，我的年龄与此无关——但他说得对，我不能通过恐吓别人去按照我的要求来完成任务，而我当时的确是这么做的。这是一个很好的教训。或许，这就是一个事实，你越年轻，越需要掌握技巧，尤其是和比你年长的、更有经验的人相处。

我确实有点幸运，因为厨师很快就退休了，很快来了一位新主厨，从那时起一切都进行得很顺利。在第三章中，我将讲述更多关于我在芝加哥的表现。之后，我接到了一个电话，要我成为纽约市最著名的酒店的餐饮主管——也许这是世界上最著名的酒店。

这家酒店最初位于如今帝国大厦所在的位置，并于1929年在第49街与第50街之间的派克大街上开业，其为国家元首办公室的负责人提供的服务超过了世界上其他任何一家酒店。对于一个从俄克拉荷马州来的乡下男孩来说，这是一个全新的世界！尽管除了基本的生活必需品之外，我买不起别的东西，但我已经赚到了第二个百万经验。

那时我已经结婚了，我的妻子刚生了一个男孩，他的名字叫丹尼尔，出生于1969年2月18日，也就是在两名美国宇航员登上月球前的几个月。当孩子和新的工作机会摆在面前时，生活开始变得非常具有挑战性！

那是1969年，我发现自己正从芝加哥康拉德希尔顿酒店的餐饮主管的位置上擢升为纽约市的华尔道夫阿斯托里亚酒店的餐饮主管。我的薪水随之增加了50%，年薪从每年8000美元增加到12 000美元。我很高兴，因为我觉得可以拥有大笔资金，我和家人会过得很好。我在想，哇，增加了50%。那是很多的。结果发现，50%似乎比实际上要多得多，尤其是当你要去纽约的时候。这里得出的经验是，如果事情听起来太好而不像是真的，那么它们通常是真的。

今日的情况真的发生了很大的变化。早在1969年，希尔顿根本不会给你面试的机会。你只要说"是"或"不是"，如果你说"是"，听从指挥让你去哪你就去哪。希尔顿会把你安排在一家旅馆住几个星期，直到你在新地方找到公寓，就这么简单。我不知道那些说"不"的人发生了什么。现在，我敢肯定在我说"是"之前，他们并不想让我看一下纽约市的住房和其他费用。

由于我和家人没有多少家具，因此从芝加哥搬到纽约很容易，而且运费很便宜。

我们三人抵达了纽约市，而现实的问题很快就来临了。我们开始找房子，这是我早前提过的那些糟糕的日子之一。我们最终找到了一个能够负担得起的公寓。每月350美元，而在芝加哥则是每月135美元。这是一个两室一厅的小房子，之前被油漆粉刷了多次，屋内没有空调，只有几只蟑螂。它位于皇后区的森林山，在第62街和第108街的拐角处的地方。为了上班，我得跨过几个街区，然后乘公共汽车去地铁站，坐地铁到莱克星顿的第53街，然后再走上三个街区到华尔道夫阿斯托里亚酒店。50%的加薪就这么在我眼前消失了。地铁是20美分，鞋油是60美分，专业清洗和熨烫衬衫的费用是32美分。在华尔道夫酒店工作需要穿着干净笔挺、洁美如新的衬衫。

　　而好处在于我在世界上最有名的酒店里谋了个好岗位。我应该看上去满面春风，身着帅气而笔挺的深色西装和衬衫，露出整齐的袖扣和锃亮的鞋子，如此才像是华尔道夫酒店的一员。无论你是否买得起这些装扮，你都得看上去是其中一员。

　　事实证明，这份工作与芝加哥的工作职责大致相同，我除了要负责餐饮采购、接收货品以及发放货品到仓库之外，更别提我还有更多的员工需要负责。华尔道夫酒店的葡萄酒和白酒品种丰富，选择性极多，我也由此学到了很多关于食物、成本和许多我闻所未闻的产品知识。

　　此外，我学到很重要的一件事就是要先和餐饮部总监和行政主厨处理好关系。这两个人物都很厉害，因此倘若我不尽力的话，我的职业生涯将一败涂地，我不想重蹈芝加哥的覆辙。假如你犯了一个错误，那是一回事，但如果你重复犯一个错误，你就是个傻瓜。

　　旗开得胜，我开了一个好头。由于餐饮部有很多管控问题，因此我有机会做出改变，结果是我确实做得很好。

　　我每周努力工作六天，每周四休息。我过着两种生活。我在工作时看上去状态好极了，而在皇后区的公寓时则穷得叮当响。这是1969年，我已经工作了近五年，而我仍然没有像当初做宴会服务生时那样挣钱。况且，现在的我住在美国生活成本最高的城市，我还要养家糊口。

　　我们的儿子丹尼尔每天吃九罐婴儿食品。我的衬衫得拿出去专业洗熨，一天要32美分。我每天早上都会把6美元的现金给妻子普莉西拉。我们没有信用卡，只花我们能负担得起的钱。6美元是我们每天所有的预算，包括九罐婴儿食品、我的衬衫洗熨以及伙食费在内的其他一切。我不禁在想："我为什么要进入管理层？"

我们搬到纽约后，就把家里的车子卖掉了。其原因有两个——因为我们负担不起养车的费用，还因为我们住在皇后区的十个街区内，那里每年有500辆车被盗。看吧，我们住在一个相当不错的社区里。

我们买不起附近或城里的车库，当然也负担不起汽车保险的高昂费用。

在接下来的三年里，我们都没有车，因此每当休假时，我们所有的外出活动都是坐地铁或待在家附近。

每到周四的休息日，我几乎都会让普莉西拉早点起床。我会带儿子丹尼尔去华尔道夫阿斯托里亚酒店的奥斯卡餐厅吃早餐，然后去中央公园溜达。当你一周工作六天，每天很晚回家，你真的必须得在那个特殊的家庭时间里把时间都补回来。

尽管在纽约的华尔道夫酒店里学到了很多关于食物的知识，但假使我们有能力外出的话，我们只能在休息日在负担得起费用的低廉的餐馆就餐。大多数大众餐馆似乎都很便宜，所以我们总是选择那些餐馆。由于我们绝对请不起保姆，因此丹尼尔总与我们同行。

我在华尔道夫酒店的老板吉恩·斯坎伦是我的第一位真正意义上的人生导师。对我而言，导师是真正想帮助你、教授你并且了解你的人。斯坎伦先生（我是这样尊称他的）第一天就让我坐下，告诉我在这家最杰出的酒店——华尔道夫阿斯托里亚酒店——工作的规则。我从而了解到，每一位国家元首、女王以及每一位曾经来到纽约市的国王都住过华尔道夫酒店。每当联合国开会期间，酒店里几乎挤满了权贵人士，而伴随他们而来的是大量的安全保障问题。

这家酒店的规则简洁明了：

· 一周工作六天。

· 每周四是休息日。

· 在华尔道夫酒店，下午5点以后，不能穿棕色的西装或棕色的鞋子。

· 他们将为我购买燕尾服、衬衫、领结、吊带和袖扣。

· 任何时候在酒店里举办正式社交活动，都必须穿上燕尾服。

· 禁止把燕尾服带回家，必须要把其放在工作地点，因此每当需要穿上该服装时，都可以找得到。

· 必须每天检查着装，以确保在白天和晚上都穿着得体。

· 整个人要一直看起来整洁；指甲要修剪整齐、干干净净，鞋子要擦亮。

· 不能有任何人能看到的文身或穿孔。

· 禁止留长发，或留有不自然和不专业的发型或发色。

· 禁止外表出格、举止怪异。

这就是华尔道夫酒店的规则，一目了然，我由此学会了什么叫清晰的定义。如果你想让人们知道规则是什么，那就直截了当地告诉他们，并且让他们知道假使不遵守规则的后果是什么。然后他们就可以做出决定，是按照规则工作还是选择离开。假如你在企业，去看看公司年度报告的头版，学习一下贵公司里最成功的人如何着装。倘若你是在一个小型机构，就从老板那里寻找关于什么是专业的线索。千万不要低估外表对你的职业生涯的影响。

我在纽约做了一年左右的餐饮主管，随即对食品管理和物流程序做了很多改进并且组建了一支优秀的团队。一天，我被告知自己将晋升为餐饮总监，并将成为斯坎伦先生的助理。这个职位实际上包含大量的行政工作：例如为主厨制作菜单，记录VIP顾客和餐厅的销售额，订购菜单和供应品以及其他类似的事情。这份工作是我成为希尔顿酒店餐饮总监的基石。食品业的每一个人都想得到这个职位，无论需要付出多少——顺便说一下，我没有因为晋升而得到加薪。1970年，美国经济衰退期已经到来，两年来我们都没有得到任何奖励。

基本上，我没有权力命令任何人。六家餐厅的经理们实际上比我知道的多得多，他们基本上只听从斯坎伦先生的指示。你的头衔有时比你的权威更大，但你可能不需要太多的权威，直到你知道自己在做什么。因此，我处在一个好位置。我真的很喜欢我的新名片，上面印着我的名字、头衔和华尔道夫阿斯托里亚酒店的金色标志。

斯坎伦先生随即把我纳入他的麾下，带我去每一场宴会和酒店的每一家餐厅，以便教会我有关食物、饮料和服务的知识。每周一晚上6点，他都会带我和另一位年轻的经理比尔·威尔金森吃饭，点上不同的食物和葡萄酒，并向我们解释他们是如何准备的以及特殊菜肴如何制作的历史。这其实不是吃晚饭，而是上课。要不是斯坎伦先生让我吃生蚝，我永远不会尝到这道菜。后来斯坎伦先生因食用这些患上肝炎，并停职三个月，我也因此不再食用这些食物。我很遗憾看到他生病在家，但在这段时间里，我便有了机会承担更多的责任，这为我提供了良好的学习体验。斯坎伦先生病愈后又重返工作岗位，身体变得更健康了，而我也更聪明了。

斯坎伦先生带我去了纽约市所有最好的餐厅，让我参加活动。一天晚上，我们在第五大道的卡地亚珠宝店举办了一次慈善活动，并在整个商店的珠宝箱上设置了自助餐。户外餐饮是一项艰难的工作。你真的需要做到程序到位、条理清晰。采购清单是必需品。在这种情况下，安全问题是无处不在的。

斯坎伦先生让我和他的好朋友丹尼斯·奥托尔参加了每周一晚上7:30开始的格罗斯曼葡萄酒研讨会，他自费让我们了解所有关于葡萄酒的知识。我想这有点像学费补助，但这在那时根本就不存在。

斯坎伦先生总是乘出租车回家，很多次他都对我说"上车"，然后把我送回家，这样我就不必乘坐地铁回去，地铁的耗时约一个小时。相反，我乘出租车只需15分钟就能到家。这是周三晚上的大事。这些小小的善举是很重要的。我们都应该尽可能去做。

我认为从斯坎伦先生身上学到最重要的一点是，帮助别人的感觉很好。他真的很喜欢帮助别人取得成就。我能感受到他的慷慨。花费自己的时间去帮助别人是一件非常特别的事情，因为我们大多数人没有任何额外的时间，或者至少我们不认为自己有时间去做这些事。如果可以的话，请成为别人的人生导师，你的指导可能会对他们的事业成功产生深远的影响。当下，世界各地都有人把自己的成功归功于吉恩·斯坎伦，因为他愿意将自己的时间和知识拿来与那些人分享。我希望，有一天我也这样被记住。

我记得有一天，他让我从纽约六家不同的熟食店购买意大利面和咸牛肉三明治，再配上凉菜、土豆沙拉和泡菜，这样我们就可以做一个味道测试来比较这些店和我们酒店的质量，看看我们是否可以改进。从这份工作中，我学到了要做好一件事要精益求精，寻找更好的方法。任何决定都不应是最终决定。

有一次，我们甚至品尝了酪乳。我不喜欢那种味道，直至今日仍旧不能理解怎么会有人喝。但我的确尝过酪乳，那是因为这是斯坎伦先生让我这么做的。对我来说，那是一种经历。

我记得，一天我被分配为一顿特殊的晚餐炮制一份菜单，这种晚餐如同18世纪的晚宴一般正式。那一天，我知道了什么叫蕨菜。这本不是什么大不了的事情，但它确实表明，学习永无止境。斯坎伦先生教导我如何从不同的时代、不同的事件诸如此类的情境下来研究菜谱，以达到相映成趣的效果。如今，随着互联网的发展，这应该会容易得多。比如你去谷歌查询"蕨菜"一词，你就会额外学到很多其他人不知道的知识。如果你能找到的话，你甚至可能当晚就想炒一些做晚饭。

此外，我在华尔道夫酒店第一次品尝到了鱼子酱和法国香槟的味道，两样我都喜欢。在纽约，我喝到了此生中第一杯马天尼酒。尽管我不喜欢，但无论如何是一次体验。阅读有关食物和饮料的书籍与亲口品尝是两回事，生活亦是如此。在我看来，经验很重要，它是最好的老师。

一天晚上，我在办公室接到一个电话，要求我调查一位客人关于在华尔道夫酒店大厅的孔雀巷酒廊的投诉。客人认为鸡尾酒服务员在操控客人的小费并滥收费用。我赶紧下楼走向服务员，要求查看他所有客人的小费。我永远不会忘记当他颤抖着从托盘中拿起百威啤酒，把它砸向了我的右眼的那一幕。有一天我会给你看那里缝的六针。

当儿子丹尼尔长大后，我告诉他这是我从楼梯上滚下来摔伤的，因为我不想让他认为那是父亲在工作中被打了。我学会了未来以更谨慎的态度对待相关的调查，且要有其他人陪同在身边。然而，我可以告诉你，这方法并没有奏效，几年后，我被另一名服务生再次砸中，并在我的另一只眼睛和头上又缝了14针。

纽约市是一个压力重重的城市，也是一个非常多元化的地方。我认为，我现在如此欣赏和尊重多元化的原因之一是因为在酒店工作的这些年里，我和来自世界各地的客人和同事一起工作。如果你生活在像纽约市这样的地方，你就会接触到更多多元化领域中的东西，从食物、文化直至宗教，等等。在纽约市，你要么欣赏多元化，要么就一直不能明白它的内涵。我记得有一天当我们谈论多元化时，迪士尼的一位同事跟我说："在纽约市，我是注册会计师。在奥兰多，我是一名黑人注册会计师。"在纽约，一切都只在乎你的表现，而不是你从何而来、是什么肤色或者你信奉什么宗教。

　　对于第一次来到华尔道夫酒店的我来说，一切都是陌生的。我真的很没有安全感。我经历过歧视和偏见，因为我是俄克拉荷马州立大学辍学的乡下男孩，而其他大多数经理都来自世界上最好的酒店学院。将近三年后，当我职位晋升离开华尔道夫酒店去完成我的下一个任务时，我在专业知识、管理能力上都变得十分有把握。此外，我通过观察斯坎伦先生和行政主厨阿诺·施密特的待人处事方式学到了一些很好的关于领导力的经验。在一家以卓越著称的酒店里，他们是善良大度、睿智能干、作风强硬、受人尊敬的领导者。在工作了七年之后，我仍然没有挣到我所期望的报酬，但我已经获得了300万美元的经验。

　　随后，我带着一家人前往纽约的塔里敦，我终于可以负责某些工作了，并准备在那里获得第四个价值百万美元的经验！我确实因为这次升职得到加薪，涨到了每年14 000美元，这比我在1965年做宴会服务生的第一年多出了1000美元，但那是七年前！

第三章

:

面对陷阱，要么死，
　要么跳得更高

:

◈

至目前为止，我已经担任过八个职位，并且已经从华盛顿一路迁居到芝加哥及纽约。如上所述，我已经工作七年，并且凭借着我行政助理和餐饮主管的身份，再次迁往纽约塔里敦的希尔顿酒店。在1972年，为了在一家拥有205间客房的希尔顿酒店担任新的角色，我舍弃了华尔道夫酒店的职位。我认为，那八份工作经历为我接下来进一步的职位晋升铺好了道路，我终于可以有自己负责的部门了。

不过我必须告诉你，到目前为止，还没有人向我提及领导责任。我学会了如何做一个纪律严明的经理。此外，我还从自己所获得的经历中提升了自身的专业与技术知识。回顾从前，忆起往昔一些场景，我希望自己的领导行为可以更好一些。我希望在我犯错误之前，能有人教会我更多关于这一领域的知识。

只有经过多年沉浮，经过犯错、自省以及观察他人行为好坏之后，我才能够在1995年写出《迪士尼伟大的领导战略》这本书。如果你想更多地了解我的领导策略，请阅读我的书《创造魔法：迪士尼生活中的10个领导策略常识》（以下简称《创造魔法》），这样你就能避免这些陷阱。

我们一家人随后离开了能够俯瞰长岛高速公路和1960年世界博览会场地的皇后区公寓七楼。这是我居住过的最吵闹的公寓。我和妻子普莉西拉过去常常把马路上的喧嚣想象成海浪的拍打声。有些时候，你真的需要用想象力才能活下去，才有可能入睡。住在这里的三年中，我们唯一的一次大采购就是购买了一台35美元的窗扇。尽管没有空调，但总比什么都没有好。

纽约的塔里敦是地球上最美丽的地方之一，其位置就在纽约市以北40英里的哈德逊河边。断头谷和无头骑士均出自该地。[①]我经常开车经过那座剧中人物恐吓人们走过的桥。回到断头谷时期，那就是一座木桥。

我们租了一套漂亮的花园洋房，位置在一楼。这里有很多小孩，此外还可以看到树林的美景。和居住了三年的纽约市的生活相比，这里的生活真的十分美好，而且房租甚至更便宜。这个地方被称为"沉睡谷"，甚至名字听上去都很不错。我和妻子当然都知道无头骑士在沉睡谷里面闲荡，但我们没有向儿子丹尼尔提及这个故事。我们坚持讲迪士尼和金色童年的故事。他仍然喜欢米老鼠和唐老鸭，但这对于3岁的他来说无疑更合适。无头骑士必须等他再大一些才能知道。这是他出生后的第三次搬家，但在这个年龄，只要有父母在身旁，孩子们不会考虑很多。

我们的房子离酒店只有半英里，休息日仍然是星期四，优点就是路上不用折腾。由于我们没有车，这是一件好事。记得我说过，每份工作都有好的一面和不太好的一面。为

---

① 是根据美国文学之父华盛顿·欧文所著的《断头谷传奇》改编的罪案悬疑剧，讲述的是沉睡多年的乔治·华盛顿部下共同对抗复活的天启四骑士之一无头骑士的故事。

此，我还取了个名字，随后将会告诉你。

等到移居到塔里敦的两周后，我不得不买了辆车，因为我们住在城外，而普莉西拉没有车就去不了任何地方。我从一位向我报告的经理那里买了一辆二手的欧宝车。这辆即将寿终正寝的汽车花了我250美元，以后再谈这个错误。当我需要钱去买车时，我那价值300万美元的经验并不值钱，而且我的薪水也负担不起一辆性能可靠的车。

或许你会认为，凭借我目前拥有的职衔我就能财源广进，然而我却仍旧是杯水车薪。那时，希尔顿酒店甚至连医疗保险都没有提供。每当生病时，我们只能自己掏腰包。丹尼尔在芝加哥南部的迈克尔里斯医院（如今已关闭）的出生费用就花费了我们1200美元，而这1200美元全部由我们自己支付。

眼下的这份工作很好，这让我很兴奋，因为我最终得以做一些管理工作了。很快，我就发现了处于管理层会带来很大的压力，同时还不得不长时间的工作。事实上，人们期待我去做决定，他们也想知道我在做什么。另外，酒店客人总是很想见负责人——也就是我——而99%的情况下那是因为他们不高兴。

每年我们都会在酒店举办300多场婚礼。这些都是高档婚礼，出席嘉宾清一色是当地名流。他们无法理解"不"这个词，因此我要寻找备用方案来满足我的那些客人的需求。他们真的不能接受"不"，因此我别无选择，只能寻找灵活的替代方案，并提高我的外交和谈判技巧。

我记得有位父亲告诉我，假如他女儿的婚礼出了什么问题，我将会收到很多鲜花。他是一个花商。我明白他的意思，并且我向他确保周六晚上他女儿的婚礼举行时会是我当值。我觉得他不是在开玩笑，他的意思是如果他的女儿没有一场完美的婚礼，他就会送花到我的葬礼上去。有些时候，表现杰出与否生死攸关。

在该地区，我们也有用于特殊场合的餐厅，那些餐厅都很受欢迎。我们别无选择，必须做得很好，因为顾客需要。我们有一个卡巴纳俱乐部，它是专门为来自纽约和长岛的有钱人开设的。每到夏季，他们会有连续三个月的周末时光和我们一起度过。这些客人很富有、态度强硬，要求也很高。

我随之学会了如何与不讲理的人打交道。我总是照顾他们的需求，从不让他们从我身上看到一丝不友善的态度——我想象过很多消极的事，但从没有向任何人表达过。清楚自己的角色和定位，然后去完美地执行，这也被称为专业精神。

每周五和周六晚上我都会在餐厅工作，帮助我的餐厅经理处理客人们的特殊要求。很多次我都在厨房帮着执行主厨为宴会摆盘或者剥虾皮。一旦遇到员工请假这种事情，这种小地方帮不了你什么。

我在过去做服务员和厨师的经验对于如今这些繁忙的夜晚起到了很大的作用。事实上，我知道自己在做什么，而且员工们也很感激我的帮助。

我们知道，在华特迪士尼世界度假区，一线演员的期望之一就是他们的领导清楚他们这些人的角色和位置。这对所有人来说都是很好的一课。你能做好你手下的工作吗？

有一天，我甚至不得不开车去韦斯切斯特县的乡村公路去找一个卖成熟的牛排番茄的摊位，这是一位客人在当晚的晚餐上即兴要求的。我如愿找到了。

一天晚上，厨房太热了，以至于我们无法使淡奶油变稠，而且我们毁掉了手上所有准备搅拌的淡奶油。我跑去当地的一家餐厅借了两夸脱奶油，然后回到公寓让普莉西拉帮我们搅拌好，我快速回到酒店，手里拿着碗径直走进餐厅。时间不容耽搁，我把奶油直接抹在已经摆在客人面前的新鲜浆果上。住在离工作地点近的地方和让普莉西拉帮助搅拌奶油最终得到了回报。

晚餐结束时，主人放了个物件在我手里并说道："李，谢谢你，这是一次完美的晚餐。"是1美元！我对他说："谢谢！"是的，我们允许接受小费，而他是认真的。即便在那时，这1美元无济于事。但如果这是20美元，我就不会记得了，也不会有好故事给你们讲述。就在这个星期，去年夏天在艾波卡特的法国厨师餐厅当服务员的孙子朱利安跑来告诉我，他遇到了一位消费60美元却没给他小费的难缠客人。下一位客人给了他80美元小费，另一位还给了100美元。这件事给我的启迪就是平等对待每一个人，然后一切都会得到解决。

在塔里敦的日子很漫长。当管理期间，我每天早上8点左右去上班，每天晚上8点至10点之间回家，每周大约工作六天。几年中，我管理的事务愈多，工作的时间也就愈长，直到1980年我参加了一个时间管理研讨会，我的生活才发生了变化。很快，我们就会讲到那个故事。而我立刻就明白了，客人才是真正的负责人，这是一个很好的教训。掌权者并不总是像被人吹嘘的那样有趣。

在这个角色中我学到了很多。当你处在镇上最好的酒店时，这是截然不同的，尤其是当这是一个小镇而这个酒店只有205间客房时。但是，我们的餐饮销量比拥有上千间客房的酒店还高。由于当地的婚礼都放在我们这儿办，这家酒店成了酒店集团中利润最高的酒店之一。那是个不错的地方。

在一些小地方，无论你是否愿意，你都会得到做基层工作的机会，并且这种机会每天都有。我知道什么是可能的。我在客房的每层楼上都安装了家用洗衣机和烘干机，这样管家就能每天清洗和烘干所有的毛巾和浴巾，然后把它们放回客房而不是送去洗衣店。只有床单才会被送到商业洗衣店去处理。出于必要，你可以在一些小地方学会尝试很多东西，这对基层人员具有很大的帮助。

甚至在那时，我也对关于领导和管理的励志磁带和书籍着迷。我买了一套励志磁带并且在每周的员工会议上播放30分钟，然后大家一起讨论。我不知道团队人员是否真的喜欢这些材料，但我个人确实热爱，因为我认为它们有助于我们在酒店管理、客户服务和领导员工等方面获得不同的视角。这是一次很棒的经历。直到今天，我仍旧非常珍惜在塔里敦的时光。

我从中受到的启发是，你最好事先决定自己的立场，知道什么是良好的职业道德和诚实守信行为。一天，有个人来找我，他拥有一家出租车公司。他随即递给我一个信封，说："我只想让你确保只有我的出租车才能在酒店前接送客

人。"我打开信封，里面是10张100美元的钞票，那是1000
美元呐！我当时从来没有拿过1000美元的现金。一瞬间，
我感到天旋地转。我和普莉西拉在银行没有任何存款，我们
急需一辆车，我们需要很多东西。我能够想到100种花费这
1000美元的方法。如果你认为如今的1000美元很多的话，
再想想1972年的时候，你可以花3000美元买一辆新车，你
就明白了。接着，我深吸一口气，说："对不起，我不能这
样做。"然后把信封还给了他。我知道他的要求是错误的，
而且我很高兴很久以前就让自己确定了诚实和正直的道德标
准。我相信，你也能拥有这些标准。在商业或个人生活中找
到自己的定位只是时间问题。而当下，你要清楚你支持什么
和不会支持什么！

· 如果有人在派对上给你毒品，你会怎么做？

· 如果你有机会在工作中从账户上拿点钱并且知道其他
人正在这样做，你会怎么做？

· 如果你的老板让你在这个月增加存货，使利润看起来
更好，你会怎么做？

· 如果你的领导告诉你一种方法，可以试图逃税蒙混过
关，并要求你按此执行，你会怎么做？

· 如果你的同事要你用迪士尼通行证帮忙把他们的朋友
或者亲人带到主题公园里，你会怎么做？

· 如果你知道你的同事在商品或食品方面滥用他们的打
折特权，你会怎么做？

你最好现在就弄清楚自己的立场。当你在生活中遇到
这些问题时，做出正确诚信且符合职业道德的行为是很重要

的。报纸的头版每天都有很多关于没有为那一刻做好准备的
人的报道。有的人进了监狱，有的人让家人感到羞愧、让朋
友感到失望，有的人自杀，有的人离婚。没有什么比与别人
分享关于你自己或家人的真相更糟糕的了。

　　在这份工作中，我第一次有了不尊重上级的经历。他
没有让我感到特别，没有把我当成一个个体对待，没有尊重
我，或者让我变得更有见识。他动辄就喜欢歇斯底里，我接
受不了这样的态度。在和他相处一年之后，我在达拉斯的另
一家酒店公司找到了一份工作，然后递交辞职报告。

　　希尔顿酒店集团随后像疯了似的要我即刻飞去芝加哥
的企业办公室，面见执行副总裁波特巴黎。他对我"步步紧
逼"，并试图说服我放弃辞职。他让我感到自己很不一样，
并承诺如果我留在公司就让我升职。我同意并留了下来，不
久后就被提拔为拥有1000间客房的洛杉矶希尔顿酒店的餐饮
主管。我的年薪增加到18 000美元。回过头看，我真的不应
该待在希尔顿，稍后我将会向你们讲述原因所在。

　　眼下，我和家人拥有了一辆性能可靠的二手车。1972
年，我在塔里敦花了2000美元从总经理秘书那里购买了一辆
黄色大众甲壳虫汽车。这辆车出厂才几个月。我们开了近八
年，然后把它给了姐夫汉克，他又再开了两年，接着以400
美元的价格卖了。那辆车以购得1600美元的价格一连用了10
年。这是一个很好的教训，不要把钱浪费在将会马上贬值的
汽车上。至今，我们仍然这样做。普莉西拉的车已经开了九
年，上一辆车也开了15年。关于那辆欧宝车，我只跑了一半
的时间就把它送给了当地的一位州长，他过去常来酒店喝咖

啡。他打算把这辆车修理一下再给他儿子。可怜的孩子！你一定是个十足的白痴，才会开着这辆车离开小镇到洲际公路上去，我们就待在离家很近的地方，总是步行到汽车维修中心，那辆欧宝汽车在那里度过了它的大半生。

在塔里敦的一个收获是我和普莉西拉结交了终身的朋友。史蒂夫·库尼斯是我们最好的餐饮推销员。当周六和周日没空时，他甚至能说服新娘同意在周四结婚。44年后，史蒂夫和他的妻子珍妮丝仍旧是我们的挚友。倘若你愿意，你总会发现意外的收获。好朋友比坏老板强得多。

在塔里敦，我又挣到了一笔百万美元经验，加起来总共400万美元的经验。我一直在想："所有这些经验都会以白花花的钞票来回报吗？"

塔里敦是我参与美国联合慈善总会的地方，我甚至在1972年就开始了竞选活动。即使在那时，我也知道这是件好事。不过，我做得并不怎么样。我叫来所有的职员，要他们在我面前填写担保卡并签字。我们筹集了很多钱，但我知道很多人不喜欢这种策略。活到老，学到老！多年后，当我为环球迪士尼以及在佛罗里达州中部发起联合慈善基金会时，我没有重复该策略。事实上，我从当时的迪士尼公司首席执行官迈克尔·艾斯纳身上学到了很好的一课。我要他为奥兰多的联合慈善基金筹备捐款。他给了100 000美元，罗伊迪士尼给了50 000美元。我给迈克尔写了一封感谢信，向他说明我们很感激他的捐助，即便与他的财富相比这点捐赠微不足道。有一天，我的秘书告诉我，迈克尔·艾斯纳打电话来想跟我交谈。我在想这不可能吧？一定是有人在开玩笑。但当我拿起电话时，我十分确信对面通话的就是迈克尔·艾斯纳。他说："你说的捐赠不多使我感到很不舒服，当有人给你钱时，你只需要学会说谢谢。"

他说得完全正确。回首过去，我一直在想，我到底在想什么？我是疯了吗？100 000美元是很大一笔钱啊！

接下来的洛杉矶之行让我和家人感到兴奋不已，因为我们从来没有去过加利福尼亚。希尔顿不负责托运我们的汽车，因此我们雇了一个不认识的人帮我们把车开到洛杉矶。我先坐飞机去找房子。在行驶了2800英里到达我们洛杉矶的新家后，那辆黄色的大众汽车再也没有这样行驶过。

这次迁居的不利影响立即出现了。我们很快就发现在加利福尼亚，生活花销很高；并且在那时，拒绝给有孩子的家庭提供公寓是合法的。我们无法在我工作的附近找到住处，于是最终住在了圣费尔南多谷；我要花一个小时从那里去上班，而且当时洛杉矶的交通是一团糟。我们只有一辆车，因此普莉西拉不得不步行去商店和附近其他地方，或者在紧急情况下乘出租车。很快，我们在公寓里结交了拥有两辆车的朋友。

不过，有件事是一致的，我的休息日仍然是星期四。这证明一致性并不总是好事。大部分的周四，我们开车到马里布或者类似的地方去吃午饭，让丹尼尔跑到结冰的太平洋上去。他才4岁，当你4岁的时候，你也会觉得大海其实并不冷。

我们确实拥有了一间不错的加利福尼亚风格的新公寓，尽管价格昂贵，但还是可以负担得起的。我们住的地方被称为"孩子与父母的如愿公寓"。我没有开玩笑。如果你不喜欢小孩，这个地方则不适合你居住，因为这里到处都是儿童。

我在洛杉矶希尔顿酒店当了一年左右的餐饮主管，遇到了另一位我无法与之相处的老板。我发誓这不是我的错。在这个岗位上我确实没有学到很多东西。总经理住在酒店里，并且希望我也日夜都待在那儿。他也是一个歇斯底里的人，虽然专业技术很棒，但是他的字典里没有领导力这个词，实际行动也展现不出任何的领导能力。

他不会在华特迪士尼世界度假区或者万豪酒店待上一天。在这份工作中，我的上班时间变得又冗长又辛苦。这是一份从早上8点到晚上8点、一周上六天班的工作。你算一下就知道有多辛苦了。在这里和过去在塔里敦的工作中，我的确学到了如何不要成为一个像我上司一样的人。我想这相当于某种形式的领导力培训。其中一个好处是结识了一位好朋友，史蒂夫·库尼斯，他是一名年轻的餐饮经理。多年以后，我和史蒂夫以及他的妻子珍妮丝仍旧是朋友。

随后，我的一个好朋友，赫尔穆特·霍恩给我介绍了一份在宾夕法尼亚州兰卡斯特市的一个私人酒店里担任餐饮主管的工作。这份工作比我在洛杉矶的工资高出62%。那时候我没有存下一分钱，我对我的报酬和老板都很不满意，因此我决定去看看。这里的教训是，当你心情不好时，不要草率地做出决定。最后，尽管"职业过山车"以自由落体的方式全速直奔而下，但这一次结果还不错。这对我来说是关键的一步，尽管结果和我想的不一样。

　　我飞到宾夕法尼亚州，在兰卡斯特面试了这份工作，随后我回家告诉普莉西拉，我打算接下这份工作。一年30 000美元的薪水，比我在洛杉矶赚的多12 000美元。她随后告诉我，我犯了一个错误，我应该得到一份合同，否则就不要去。我告诉她我知道自己在做什么，并且马上就要离开。我想，连续两位老板都和我相处不融洽，那我在希尔顿的未来职位上不会得到太多的支持，他们都在希尔顿酒店工作了20多年。我只待了八年，而且他们都是高管，可我不是。我的观点"当他们不喜欢你或你不喜欢他们时，那就是时候该离开了"。因此我舍弃了他们。我想你可以称之为公司离婚。人们离开工作的首要原因是他们觉得不被赏识。

　　因此，我们就这样开着黄色的大众汽车去了兰卡斯特。这是我们第五次搬家，此时丹尼尔已经4岁了。我们找到了一间比在洛杉矶便宜得多的很好的公寓，我的薪水也很高。我终于成功了。所有那些经验终于得到了回报。普莉西拉错了。我告诉过她我知道自己在做什么。我总是对的，这次搬迁是正确的。然而，90天后我被解雇了，没有任何通知，也没有遣散费。到目前为止，我已经经历了三位对我并不好的老板了。在我看来，这三个人都是优秀的管理者，但却是糟糕的领导者。

　　我惊呆了。我马不停蹄连续工作了90天，没有休息过一天，试图在经济上扭转困局。在面试中，他们并没有告知我他们要破产的真实信息，也没有告诉我购买东西都是掏现金。为了钱打这样一份工真是让人受够了。请在未来的面试中务必小心。我在全球迪士尼的时候会接到前剧组成员的电话，说想要回到华特迪士尼世界度假区，他们都被自己加入的公司的承诺误导了。往往事与愿违，天时未必地利人和。这是一件值得铭记的事。如果你认为你现在职业生涯中的状况很糟糕，请继续往下读！

我随即被叫去办公室并被告知："你的进步不够快，你被解雇了。"一切的一切都是在不到两分钟的时间内发生的。当天下午5:02分，我在宾夕法尼亚州兰卡斯特失业了。是的，普莉西拉是对的。好吧，我的想法并不总是正确。我回到家说："普莉西拉，我今天被解雇了。"她毫不犹豫地说："很好。反正我也不喜欢这里。"她原本还可以说很多其他的话。

我娶了一个圣人。她从未对我说过"我告诉过你的，我告诉过你要签合同，我告诉过你你犯了错误"诸如此类的话，一次也没这么说过。这对我来说是很棒的一课，也是你要注意的一课。或许她这样想过，但她从没说出口。在过去的48年里，她一直支持着我，哪怕我做了很多蠢事……嗯，至少有几件吧。普莉西拉鞭策我逐渐走向成熟，确实起到了很好的榜样作用。她的父亲查理是一名海军军官，母亲是一名英语教师。在她遇见我之前，他们已经搬了12次，所以这是她第17次搬迁。她的父亲最终成了海军上将，因此这些搬迁对他们的家庭来说至少是有回报的，就像最终会给我们的家庭带来回报一样。

当时，我已经28岁了，有妻有子，孩子不过4岁，另外还有车贷和八年高质量的经历。然而，我断了在希尔顿酒店的后路，而且没有工作，也没有存款。在这里我得到的教训就是要给自己留后路。哪怕走也要显得专业，要开门见山地告诉老板你想走是因为你认为他是个傻瓜，是领导中的反面例子。这样直截了当的做法或许不是最好的策略，尤其是如果你想回到那里或者从他们那里得到推荐信的话。另外，要试着每个月存点钱，以备不时之需。

由于正在找工作，我们随后叫了联合货运公司把家具放进了仓库。一天后，货运公司的工人来搬走了我们所有的家当，除了那辆车和打包好的手提箱。他们没有花很长时间打包行李，因为我们没有多少财产。

就在这时，租住的公寓大楼突然对我们的家具提出了留置权，因为我们住了短短90天就要搬走，违反了两年的租赁合约。保安没收了所有东西，直至我们向房屋中介支付了2000美元，我们才能取回行李。这是很糟糕的一天。

所幸，八年前在我做第一份工作的时候，我购买了终身人寿保险，并且每月都为其支付账单，积累起来有2000美元。我卖掉了这份保险，取消了留置权，随后我们开着黄色的大众牌甲壳虫汽车上路去找工作。现在我甚至连备用的具有现金价值的终身保险都没有了。情况看起来不太好。如果再找不到工作的话，我的经济状况绝对很快要告急了。

正如你所能想象的，我在这次经历中学到的教训远多于我想要的。第一，我原以为自己不可能被开除。那时，它是在我一生中经历过的最糟糕的事，除了读书时一个高一女生因为我还是个初中生而不愿与我约会以及1966年普莉西拉说我态度不好而不愿与我外出就餐这两件事之外。回首过去，我能明白她是如何对我产生这般印象的。一年后，她终于同意和我共进午餐，其余的就都成了历史。而话说回来，事情的好处是被解雇后，我去了一个更好的地方。有时候事情的发展很有趣，我发现被解雇后居然还能生活。第二，我从未想过人竟会如此坚强。第三，我从未想过违反租约的法律后果，甚至在签租约之前我都没有阅读过它。但是现在，我会了。我很快意识到，当你失业时，大多数你认为是你的朋友和前同事的人都不会给你回电话，也不会像你希望的那样帮助你。

我明白了你认为是你朋友的人并不会永远是你的朋友，某些时候，其他朋友在这样的时候反而会变得格外特别，并为你而来。记住这句名言，"患难见真情"。在1973年，我们像如今的很多人一样很需要帮助。现在，当我的朋友和家人真的需要我的时候，无论他们需要什么，我都会尽我所能帮助他们。

真的，我当时很需要帮助。首先，我们开车去纽约看望朋友苏西和阿兰·皮亚拉（他们为我们提供了暂时的食宿）。我每天都在打电话找工作，然后我们开车去了住在密西西比的普莉西拉的父母家，他们给我们提供了住宿。感谢上天让我有家人和真正的朋友。我的岳父海军上将佩恩带我出去吃午餐，并为我做了一些心理辅导和咨询，告诉我如何以更正规和安全的方式换工作。在这顿午餐之前，我一直敬畏他的存在。我花了十五年的时间才有勇气和他亲近，称呼他的教名。那是一顿很长的午餐，但却是一堂好课。我永远不会忘记那天点了却没吃的蟹肉三明治，因为当他在指导我的时候，我已经没什么胃口了。

此后，我经常和他开玩笑，我以为他会害怕我们搬去和他们一起住，害怕会有一个失业的女婿在他的余生都躺在沙发上看电视。多年后我才告诉他这个笑话，尽管在那时一点也不好笑。事实上，这是很可能会发生的事情。就在1993年他去世的前几个月，他和岳母来巴黎看望我们时，他告诉我他以我为豪。

我每天早晨起床后都在打电话，最终联系上了我过去在芝加哥希尔顿酒店认识的人，他就是巴德·戴维斯。我们私下不了解彼此，但我们都认识对方。我知道他很优秀，他说他也听说我很厉害。我在希尔顿酒店的出色表现最终得到了回报。巴德在1973年去了万豪酒店集团，当时它只是个拥有32家酒店的汽车旅馆公司，名不见经传。我酒店的朋友都告诉我不要加入这种不知名的小公司，因为它永远都不会成功。伙计们，你们错了。你们的建议到此为止！

因此，在最近的这三份工作中，我真的获得了很多经验。我现在的经验价值达到了我预计的400万美元，但我仍然没有实际收入，也没有存款，但是我有家人。苦日子真的很苦，我甚至无法想象如果没有家人的陪伴和他们对我能力的肯定，我将如何渡过难关。这是1973年，美国即将进入两年的经济衰退，持续到1975年。这不是找工作的好时机，我随之陷入了一个即便没有美国我也会有的经济和精神危机。

多年后，我的岳母森夏恩为我绣了一个枕头，上面印着，"每个成功男人的背后都有一个令人惊喜的岳母"。她曾问过普莉西拉把它给我是否合适。她真的很善良！我一直在想，是不是我当时被解雇让她有了做这个枕头的想法。岳母还告诉我，即使我没有娶普莉西拉，她也会收养我。这个想法真是不可思议。后来，我在家里的卧室家具上放了块黄铜匾，上面写道，"森夏恩夫人家具"，我岳母表示她很喜欢。

下一章中我将告诉你，当事情不像你所计划或期望的那样时，如何振作起来，重塑事业。物极必反，盛极则衰，蓬勃发展的事物或许会衰败，但是倘若你能够保持专注和积极的态度并从错误中吸取教训，就能获得成功，看看我拥有的这些精彩的故事就知道了。

第四章

·
·
·

在事与愿违中
学会重启人生

·
·
·

1973 年，我仍然处于失业中。失业后，我只能和我的岳父岳母同居一屋。但是幸运的是，后来我联系到了我的一位旧识。他是我先前在希尔顿酒店认识的，名叫巴德·戴维斯。他从希尔顿酒店跳槽至万豪酒店，并担任餐饮管理部门的副经理。我打电话给他，他让我到华盛顿沿江大道的万豪总部面试。我接受了巴德和一些其他高管的面试。然后我参加了一项名为"维特里克"的管理测试。这个测试是从生理方面考查我是否能胜任在万豪的工作。

当我在记录这一章节的时候，我在谷歌上搜索了"维特里克测试"，发现它已经不存在了，但是能搜索出许多其他类似的求职测试。现在的公司不仅想掌握你的知识面，还想了解你的思维方式、自律程度、价值观念以及是否有同情心、社交能力，等等。他们不仅想知道你能做什么，还想知道你将如何做。

"维特里克测试"的结果表明，我不善于和权威和谐共处。这是事实，我不喜欢别人用权力逼迫我做事。但在现实生活中，这种喜欢滥用权力的大有人在：父母、上司、法律。这使我在职业生涯中遇到了一些问题。这可能就是为什么在过去的这些年里，我辞去了两份工作并和几个上司发生了一些摩擦。

其实倘若我有一个值得尊敬的上司，能以身作则，尊重我的意见，让我参与影响我工作的决策，那么我就没有问题。相反，如果这个上司只知道利用权力逼迫下属，那我通常不能和他友好相处。我认为这是典型的欺压行为。我对处于权威地位的人有一种本能的不信任。也许我需要通过心理咨询来克服这个问题。尽管我的座右铭是"要想变得更好，永远都不会太迟"，但我现在已经72岁了，这可能有点晚了。

我想我通过了测试，因为巴德打电话给我说："李，在费城有个经理的职位非常适合你。"这个职位要兼管两家饭店。一个是休息室和客房服务，另一个是游乐场餐饮服务。薪水和我12个月前在洛杉矶的一样多。这里的教训是：为了赚更多的钱，你必须在高薪的地方撑下去。我在兰卡斯特时的薪水更高，但90天后就被炒鱿鱼了，所以我1973年的年薪低于我离开洛杉矶希尔顿酒店之前所赚的。

在万豪有一个很大的好处，当时我还不太明白。公司会奖励高级主管其公司股权（即使是我这种级别的经理也有）。我把它们丢进了家里的抽屉，再也没去管它们。因为我对股权一无所知。可是几年后，这些股票就价值不菲了。确切来说，这股权帮我负担了丹尼尔在波士顿大学四年的学费和普莉西拉的一个十分漂亮的钻戒。因此，总的来说，我的收入大幅增长，尽管当时我并没有意识到这一点。我只是很高兴再次被录用。

当我听到"行政经理"这一名词时，我很好奇自己的性格是真的适合这份工作，还是只是因为这个虚名。我认为最好是以工作职责给职位贴上标签。我敢断定没有一个客户能理解我胸牌上写的职位。我告诉普莉西拉这份工作可能在费城，她惊慌地说："费城啊！"我们从未去过那里，不知为何，我们对那印象不太好。我想可能是因为我们看太多电视了。后来的事实表明，那是我们生活过的最好的地方之一。就像人们说的，"家是心之所向"。而你的心通常是在家人所在的地方。

我驱车前往费城，接受了总经理迪克·斯托蒙特和餐饮总监的第二轮面试。后来，我才知道，面试结束后，他们都建议巴德·戴维斯不要雇用我，因为我在面试中太沉默了，也没有表现出多大的热情。他们说我"太低调了"。事实上，我待在万豪的那些年，公司的人都叫我"李低调"。

坦白说，拜我内向的性格所赐，当年我的想法就是让简历说话。我真的不知道如何推销自己。而现在，我不会再这样做了。我学会了告诉别人：

· 极详细地说出我能为他们做些什么。

· 我的强项是什么。

· 他们能从我这里得到什么。

· 我的弱点是什么。

在我的职业生涯早期，我是一个极其内向的人，害怕在公众场合讲话。我只是默默地做好我的工作。我将在接下来的一章中告诉你，当你处于领导地位时，不善于公共演讲或是太低调都可能会被误解，但你又不想自吹自擂，该怎么做。

我是个内向的人，但必须学会如何表现得像个外向性格的人。这是可以做得到的，通过课程，阅读和实践，我已经学会了。我现在更外向的主要原因是我的自信和自尊随着我生活中越来越多的成功而得到了改善。

记住，如果你很不擅长某件事，而那件事又关乎你的前途，那么在它伤害到你或你的职业之前，请致力于做好此事。

你可能已经知道你需要做什么了，所以不要害怕去问那些你认为会对你诚实并在此过程中鼓励你的人。

在任何的领导岗位上，能够在公众场合交流和讲话都是很重要的。领导者要花大量时间通过沟通和示范来影响他人。如果你不能和别人谈论你的信仰和你想让他们做什么，那么你在引导别人达到你想要的结果方面取得的成功将是有限的。相比害怕死亡，大多数人都更害怕公开演讲。然而死亡是无法避免的，但却可以避免做一个不善沟通的人。关于这点，我们稍后再讨论。

我很幸运，巴德·戴维斯行使了他的职权，让他们雇用了我。直到几年后，我才知道这件事，否则我可能会更没有安全感。我必须要谦虚谨慎些了。这个新的职位不是我职业生涯早期在希尔顿担任过的餐饮主管。当你被炒过鱿鱼时，你就不会像原来那样夜郎自大了。我必须要为自己敲响警钟；我要告诉你，谦虚总比骄傲好——事实证明这件事给我上了最好的一课。通过担任这一职位，我获得了许多我真正需要的经验，这些经验在过去我是没有机会获得的。它对我今后会有很好的帮助。

在我去费城报到之前，我被派往波士顿的万豪酒店进行

了一个月的培训。这是当时万豪在餐饮系统和食品质量方面
的示范酒店。那时的搬迁政策和现在不一样，公司希望我和
普莉西拉在培训期间自己找住处并且自掏腰包。我们发现这
是不可能的。

我打电话给巴德·戴维斯把我的艰难处境告诉他，他破
例把我们安排在了酒店。我的伙食会包括在内，但不包括普
莉西拉和丹尼尔。自那时以来，搬迁政策取得了很大进展。
我们当时太穷了，因此我们会点一个芝士汉堡盘来分享。我
知道你很难相信，但这是事实。

到目前为止，这是我生命中最糟糕的一年，但最终一切
都会好起来的。1973年是我职业生涯中关键的一年。这是重
建的一年，我学到了毕生难忘的经验。这些都能在我未来的
决策中得以运用。

在波士顿的训练非常棒，我学到了很多。餐饮总监奥拉
夫·阿恩海姆对我在那里的培训很感兴趣。大学毕业后他就
一直在万豪酒店工作，他是一位真正的餐饮行业专家。我很
幸运能在他手下训练。他有很出色的管理技巧，做事井井有
条而且为人非常率真。当你和他在一起，你总能知道你学的
好或坏。他是一位很棒的老师。我十分尊敬他，所以当他率
直地指出我的错误时，我也不会恼火。

当培训结束后，我们一家三口开着黄色的大众去费城
报到。我们在宾夕法尼亚的菲尼克斯维尔找到了一套公寓，
在1973年的圣诞节前九天，我们终于可以负担得起这套公
寓了。

这是一个美好的圣诞节，因为我终于有了一份工作。谢

谢圣诞老人！我保证明年能做得很好，这是我所能想到的一切！我很高兴1973年快结束了。我随后在圣诞做了几个新年决定。

这份新工作最大的好处之一就是每周只工作五天。万豪对管理层的期望是一周工作五天，每天10小时。10小时内完成工作这件事对于餐饮部门来说比任何其他部门都难，但有两天的休假真是太棒了。生活中使你感到快乐的事情就是有趣的。

我确信，在希尔顿以一周六天甚至节假日都在上班的模式工作了八年后，我的休息日将从周四移至周日和周一。因为工作的原因，自从我们五年前结婚以来，我和普莉西拉从来没有一起过过平安夜或任何其他节日。

不论我们住在哪里，普莉西拉都会帮邻居照看孩子。我想有些人认为她离婚了，因为我最初几年经常不在她身边。

餐饮专业的人会错过许多小区聚会，也总是在家庭聚会上迟到。事实上，从蹒跚学步到牙牙学语，我错过了很多和丹尼尔相处的时间，对此我很遗憾。但是多亏了他妈妈的陪伴和小心呵护，丹尼尔一切都好。为了弥补这一点，我后来花了很多时间陪伴我的孙子朱利安、玛戈特和特里斯坦。

事实证明，我的新工作是一次很棒的经历，因为我从来没有像这样管理过多家酒店。酒店里人声鼎沸，万豪酒店的服务水平也很高。以前，很流行沙拉、龙虾和卖5.95美元的肋骨牛排晚餐。1973~1975年间的经济衰退引发了这些新的高价全宴的理念，试图将商机推向酒店餐厅。那时候，几乎每个餐馆都有沙拉吧。同时，这些理念还降低了劳动力成本，因为随着菜单选择面变窄，食品生产逐渐趋于简单化。

我了解到，许多好的想法都来源于经济衰退。你要学会尝试很多东西。经济衰退很大程度上打破了对变革的阻力。如果你在经济衰退或商业萧条时抗拒改变，那么在经济衰退结束时，你可能会失业。那些伟大的领导者通常都会以身作则、排除万难、支持革新。当有重大的变革要发生的时候，他们往往是孤军奋战的。这就是为什么他们说："高处不胜寒。"人们改变的原因只有两个：教育和危机。

另外，我还负责管理厨房，因此厨师要及时向我汇报。她是一位在公司工作了40年的女士。我从不对她呼来喝去。酒店的员工都亲切地称呼她为"妈妈"。她的真名是海伦·马利什卡。当人们受到大家的尊敬时，你不会对他们呼来喝去，尤其是当他们懂的比你多，而且他们知道他们懂的比你多的时候。她把我置于她的羽翼之下，教会了我很多东西，如食品生产、食品卫生、适当的储存方法、注明日期、食品处理、正确的烹饪方法等。请记住，你可以用自己的技巧来培养你的老板。"妈妈"在训练和培养我方面做得很好。

还有一件事仍然留在我的脑海里，那就是万豪酒店的理念叫作："随手清洁！"这大概的意思是每个人都应该保持这个酒店的整洁。如果你是个厨师，掉了一个蛋壳，你就要把它捡起来。厨房和厨房地板要一尘不染，而且总是保持干燥。因此，该酒店发生事故的频率是其他酒店公司的一半。我们都从这种简单而明确的规定中受益匪浅。员工们都能做到这一点，因为如果他们不这么做的话会有不好的后果等着他们。只要让你的员工们弄清楚各项制度，他们就会遵守。

在这个岗位上，我学会了建立一套高效的做事方法和清单核对方式，我要确保在完成工作之前，没有人在轮班结束时回家。那时，就像今天一样，我们不时会有高管来访，包括该公司首席执行官比尔·马里奥特。

人人都在传大家必须为这些重要人物做好准备。我随之制定了一项政策，不得八卦此事，也不可先斩后奏。我要确保自我管理的区域总是看上去很不错，随时为任何人做好了准备。我真的不喜欢为某人做好准备的想法。在我看来，这似乎是一种投机取巧和不怎么诚实的行为。我在华特迪士尼世界度假区上班期间，就常常会听到经理们告诉他们的演员们为一些人做好准备，比如迈克尔·艾斯纳、鲍勃·伊格尔、阿尔·维斯，甚至是年迈的我。他们真正想说的是掩盖事实，让场面看起来比平时更好。我想做的只是确保我或我的经理们在所有的员工回家前检查他们的工作情况，以确保他们已经正确地完成了工作，随时待命！

我曾经听说，当我第一次负责华特迪士尼世界度假区的运营时，我参观了未来世界①的景点，由于值班经理担心它看起来像是人满为患，所以经理迅速要求一些演员待在壁橱里，直至我离开。这难道不是你听过的最奇怪最愚蠢的事吗？当然，这可能只是传言，但是这些年来我已经听过很多次了。我希望这不是真的。

---

① 迪士尼的高科技馆，可以参观太空地球馆、动力世界、大地之旅、海底奇观、生命之旅、能源馆等。

在电子钟发明以前，我习惯把时间卡放在身后的口袋里，当员工想休息的时候，他们来找我，当他们休息回来的时候，他们就把自己的卡片还给我，当他们准备回家的时候，他们就来道别。在我让他们离开之前，我会检查他们的工作区域，然后把时间卡给他们，以便他们能打卡考勤。如此一来，没有人能在不工作的情况下溜出去；因此，我们总是准备就绪，这样最终就不必再检查他们的工作了，也不用再管理他们的时间卡，因为员工们了解我的期望，而且他们也将那些知道我会检查的事项一一做好。除此之外，这个职位的另一个福利是能得到额外津贴。奖金计算的一个重要因素是基于事故频率，因此这让我们每个人都注意安全。稍后再谈这件事。

学会塑造预期目标和了解后果是我在这个角色中学到的重要经验。任何事情只有通过教育和执行才能做好。这是我在费城万豪酒店学到的最重要的一课。同时，这也是比尔·马里奥特亲自告诉我的。他说："李，在任何岗位上，你想获得卓越成就的唯一途径就是通过教育和执行。"大多数领导在教育（培训）部分做得不错，但是在执行（纪律）方面却是一塌糊涂。

另外，在这个岗位上，我学会了如何训练、劝导员工。关于这一点，我们进行了大量的培训。酒店没有工会，但我们有被称为"公平待遇"的政策。训练、劝导、约束员工是领导的责任。训练必须以书面形式记录在案。如果员工觉得自己受到了不公正的待遇，那么他们可以向上级申诉，一直到公司总裁马里奥特先生那里。

训练劝导人们是一项很好的学习，因为这合乎他们的利益。在员工做对了或者做错了事之后马上对其进行辅导、咨询和约束，是我人生中学到的最好的经验之一。给予员工应得的赞赏、认可和鼓励，是良好的训练的一部分。记住，员工离开公司的首要原因是他们觉得自己不受赏识。

我非常钦佩"主厨妈妈"。我是老板，她是妈妈。我听她的话并向她学习，我们成了很好的搭档。我在那里了解到，除非你很享受独断专行的感觉，否则"老板"并不是一个很好的头衔。

如今，我认为大多数人会告诉你，我从不对他们呼来喝去。我和团队一起努力找到最好的解决方案。我不会迫使我的员工做很多事。不过，我确实充分利用了我所有的经验、教育和说服能力以及任何其他才能，以使自己的观点被接受和理解；然后我会倾听他们的观点，直到我们找到一个完美方案。在你听取别人的意见之前，请不要一厢情愿地认为你的想法是最好的。要打开你的思路，灵活变通。这一点我是向"厨师妈妈"学的。在这个世界上，我们更需要"老师"而不是"上司"。

担任这个职位大约三周后，一天，我正在处理一些非常棘手的问题，一度没有看到或听到总经理或餐饮总监的消息。当时情况一团糟。一天晚上，我告诉普莉西拉："我想，做这份工作是我一生中最大的错误。"我没有收到任何关于我的表现的反馈，请记住，我是一个"刚被解雇才恢复元气的人"，所以我非常缺乏安全感。第二天，我打开信箱，里面有一张总经理的便条，上面写着：

亲爱的李：

很抱歉自从你入职以来，我都没有去见过你。我被困在华盛顿忙于一些新的项目。我只想告诉你，每个人都说你在工作中表现得非常出色。我们真的很高兴你能加入到这个团队中来，你正在发挥着很大的作用。

你真诚的，

理查德

那一天，我明白了及时的认可有多么重要。一张小小的便条便增强了我的自信，这些能让我得以更好地发挥自己的能力。在人生中走的每一步路，都不要忘记这一课。我始终保存着那张便条。帮助员工建立自尊和自信是优秀领导所要做的事情之一。给予人们积极的反馈是推动业绩的动力。这种燃料比用于发射航天飞机的固体火箭助推器燃料更强大，而且它是免费的，供应充足，需求量大。多好的燃料啊！我想，如果我这么需要它，其他人肯定也是如此。经常给你的团队加油，这样他们的表现就能突飞猛进。

在我的第一本书《创造魔法》中，策略7的标题是"燃烧免费燃料"。我给这三种燃料分别命名为：赞赏、认可和鼓励，简称A.R.E.。这种燃料可以改变生活，提高性能，还能提高利润。

我在这个职位上工作了大约一年，然后被提升为酒店的主管。这是一项负责酒店另一部分的更大规模的工作，包括负责一个大型的24小时咖啡店、集团旗下的费尔菲尔德酒店、一个特色牛排餐厅、旗下的锡林和萨德尔餐厅、一个大型的现场娱乐休息室、温贾默酒廊和一个较小的贵宾厅。我负责所有餐饮物料的采购和管理。我使尽浑身解数，为运行建立了组织良好的系统和流程。我把精力专注于制定正确的物流流程、操作指南、开列清单和管理环节上。在餐饮业，如果你要赚钱，那么环环相扣至关重要，因为这一业务的利润很是可观。除非你制定了有效的政策和制度并坚决执行，否则利润就会被员工吃掉。

我花了很大精力培训他们。我强调经理一定要总在场，员工有任何问题都可以向他们请教。我为每个人树立了一个好榜样，在忙碌的时候，我亲自上阵清理餐桌、接待客人甚至洗碗拖地。我学到领导的价值是上前线亲自挂帅，而非在办公室遥控指挥。

我教经理们如何在一个小时的重叠时间内做出正确的换班，以便一切都能为即将开始的换班做好准备。我制定了一项政策，直到当班的经理对接手的一切感到满意，上一班的经理才能离开。管理层的交班结束时间是当他们所有的职责都完成时，而不是像下午4点或5点这样的固定时间。

我规定星期六上午举行一次两小时的月度会议，每位经理必须到场，不论他这天是否休息。如果没有这项开会的规定，由于24小时的工作和休息日，整个团队不可能在一起解决业务问题并达成一致的指导方针。

每件事我们都要列出清单。这是一家24小时营业的餐厅，每天接待近4000名客人。组织好人员调配、设备到位和食物供应是至关重要的。这份工作教会了我如何组织大量的工作，以及对所有员工使用一致的指导方针的重要性。我至今仍相信，笔记本上的基础清单是管理企业的最有效工具之一。现代科技和计算机技术虽好，但一个好的笔记本和清单仍然是我最好的朋友。他们不会被摔碎，也不需要充电，而且每个人都能负担得起。

总之，我在这里做得很好。我认为我学到的功课是训练和劝导我的员工，规范他们的行为，让他们在工作中表现得更出色。但是后来我才发现，我学到的不止这些。

有一个长期雇用的服务员，经常和团队中其他成员发生冲突。他真的是我的一个大麻烦。我原来和他谈过，然而他的话总是和别人所说的相背离。他非常聪明，总是在身边没有目击证人的情况下对他人出言不逊，他只是想激怒别人或者制造麻烦。

有一天，此人对一名日本收银员大放厥词，贬低她们国家的文化，该收银员随后向我哭诉了这件事。尽管再一次没有目击者，但我忍无可忍了，于是我把他叫进了我的办公室。这次不是我一个人处理事情了。为了以防万一，我把他的经理也叫到办公室来。我还记得在纽约的那一次，只有我一个人的时候，身旁的服务员用百威啤酒瓶砸伤我的经历。那件事使我终生难忘。

随后，几个人在我的办公室坐下来，我和这名服务员一起回顾了我从他同事那里收到的关于投诉他的种种过往，就像我以前对他做的那样。他断然否认自己做过的所有的事，并告诉我要么证明，要么闭嘴。接下来，我犯了一个错误，我把我的食指放在离他鼻子一英寸的地方指着说："罗伯茨先生，你的态度很差。"他立刻大发雷霆，把我从椅子上拽了下来；我和他的经理赶紧跑出办公室，朝鸡尾酒厅跑去，想离他远点。他随即拿起挂在墙上的夹纸板砸向我的头。这是把夹纸板放在办公室的坏处。现在我又缝了14针，还不包括在纽约的那六针。然而我是对的，他的态度真的很差。正确并不总是重要的，尤其是当你头上伤痕累累的时候。

当晚普莉西拉对我说："李，你不认为这是你和人说话的方式引起的吗？"或许，她是对的。接着，自1975年以后，再也没有发生过这种事。我学会了再也不用手指指着别人的脸，以如此直截了当、咄咄逼人的方式来表达我对那个人的看法。我承认，我在某些事情上学得很慢。

到目前为止，全美正处于一场严重的经济危机之中。我们解雇了10%的雇员，其中包括了管理层。这是我第一次遇到影响这么大的经济衰退。1970年时只是没有一个人能得到加薪，但我以前从来没有做过大规模裁员。

在此之前，我甚至不知道经济危机到底是什么。在这次的经济危机中，因为燃料短缺，你不得不排队等待两个小时才能加到汽油。不得不解雇那么多员工，对我来说是件非常困难的事情。在你知道人们找不到工作的时候，让他们失业是十分艰难的。我很快意识到，经济危机就是当你的销售额下降，你需要迅速削减成本。总部的命令来了，我们必须立即执行这些命令。

新的总经理来了，幸运的是，新经理就是两年前在雇用我的过程中起了重要作用的巴德·戴维斯。这对我有好处。你唯一能做的就是尽量降低成本，同时尽可能不损害自身品牌。巴德来后不久，我的老板——餐饮总监休伯特·罗瑟特退休了。我确信自己会得到这份工作。我已经准备好了。我有丰富的经验，我的表现受到高度评价。我以前是餐饮主管，我有能力被提升为餐饮总监。我已经在考虑如何花这笔额外的钱了，我已经告诉普莉西拉我将要升职了，我想她已经告诉她父母了。然而，我很快就发现，经济危机也影响到我了。

我两年前加入万豪酒店时，有个人在波士顿培训过我，他叫奥拉夫·阿恩海姆，曾在波士顿万豪担任过一名常驻经理的职位，当时这是一份在担任总经理之前的工作。由于经济危机的到来，这些常驻经理的职位被取消，公司决定重新在相关区域部署驻地经理。

接着，公司宣布，奥拉夫将成为我们新的餐饮总监。听到这个消息，我真的很失望。先是被炒鱿鱼，现在又和机会擦肩而过。我不喜欢这样。我感觉自己很平庸而且没有受到尊重。我星期一早上来上班，奥拉夫站在员工入口处的后门，这里也是安全检查点。任何员工不得以其他方式进出酒店。奥拉夫说："嗨，李，我有两个问题要问你。首先，现在是我而不是你得到这份工作，对此你做何感想；其次，你认为以目前的工作职责你挣到了合适的薪水了吗？"

上帝啊，这让我措手不及！我答道："我不介意你得到这份工作；是的，我得到了适当的报酬。"从这一次经历中，我学会了处理脑中一直在思考的事情，并及时将它们放下，这样你就可以继续工作了。我喜欢坦诚直率的人。我从奥拉夫那里学到了这项品质。一年后，奥拉夫被提升为新泽西州萨德尔布鲁克一家万豪酒店的总经理。

这一次我确信我会被提升为餐饮总监。毕竟，我是个好职员。我对奥拉夫的工作表示支持，一直保持着良好的态度。我是他的臂膀，并在取得了巨大的商业成就时表现出了耐心。我认为他信任我，而现在他和巴德会决定谁将得到这份工作。

我得到了这份工作！！！

从这次经历中，我学到很多。其中之一是，成功是一次旅程，而不是终点。回首往昔，这一年作为餐厅经理的经历，如同沧海一粟。这对我的职业生涯没有任何影响，尽管当时我认为到了世界末日。耐心确实是一种美德，我对奥拉夫的积极态度和鼎力支持是他选择我接替他的原因。他信任我，这就是为什么他向巴德推荐我来作为他的替补。

又过了一年，我接到巴德的电话。他告诉我，他要去芝加哥密歇根大道的万豪酒店担任开幕总经理，而奥拉夫将回到费城做总经理。这听起来很棒，因为我非常尊重奥拉夫，很高兴他将成为我的新老板。

巴德在离开之前教了我很多，其中最重要的就是不要过分自我防御。在那些日子里，当我收到任何与我的责任有关的负面反馈时，我会立即进入战斗状态，变得具有防御性。我会给出一百万个理由说明为什么这件事是错误的或被误解了。我把一切都看得太个人化了。

巴德告诉我，那种情境下，因为太过专注于自我保护，我的双眼会变得通红，脸色苍白，面颊毫无血色。他会阻止我，指导我，让我明白自己的做法是多么的愚蠢，而且他还帮助我理解这种行为会对我未来的事业造成多大的伤害。我记得有一天，他忽然打电话给我，告诉我他接到一位普通客人的投诉，说她的茶经常是凉的。我立刻找到各种理由，告诉他我的餐馆里不可能会发生这种情况。他拦住我说："首先，这不是你的餐馆，李，我们在谈冷茶。这是关于茶而不是李的事。整个世界并不都是关于你的。现在，去看看杯子和水是否是热的。"

谢谢你，巴德·戴维斯，谢谢你帮我解决这个行为问题，现在我也讨厌和防御性太强的人打交道。我仍在处理这种不安全感。在家里或在工作过程中，过度的自我保护都不是好事。这可能是一些人得不到别人坦诚反馈的最大原因。当你失去自控力而变得反应过度时，人们就会停止与你沟通。普莉西拉说过，我在家有时候仍旧会犯这个老毛病。我学会对自己一遍又一遍地说"随它吧"，这句话能帮助我在收到自己不喜欢的反馈时做出更好的反应。这是个很好的教训！如果你也有这方面的苦恼，如同《冰雪奇缘》中的艾莎一样，那就随它去吧。尽管她是女王，但仍然必须学会不滥用自己的地位和权力。我的建议是，别管了，随它去！

巴德教我的另一件事就是定价。我记得有一天，我们把咖啡从30美分一杯提价到35美分，把汉堡盘从1.95美元提价到2.05美元。我无法想象一个汉堡盘的价格怎么能超过2美元。我确信当地所有的客人都不会购买，因此竭力反对涨价。

巴德说："李，想想看，你喝着很棒的咖啡，吃着很棒的汉堡，再配上热脆的炸薯条和新鲜的番茄、生菜、从中间切开的红洋葱和美味的大泡菜，还有用黄油烤的面包以及混合着撒上盐和胡椒粉的鲜美肉块——质量才是一决胜负的。"他是对的。我们的客人人数因此持续上升，而不是像我先前担心的那样减少。倘若你以质量闻名，那就专注于品质，这是我为巴德工作得出的一个很好的经验。迪士尼、希尔顿和万豪都知道以质量取胜。我付出的代价值得吗？这三家公司已经存在了很长时间，并且正在走向强大。当你想到它们的品牌，你就会想到质量。价钱就是你付出的代价，随后，你便可以得到价值。

待到美国经济危机时期终于过去了，然而很快，在1976年费城迎来了自己的经济衰退。1976年对费城的经济发展本该是个好机会，因为正值签署《独立宣言》两百周年纪念。请记住，200年前在费城，我们的祖先于1776年7月4日签署了《独立宣言》。对于游客来说，这将是一个非常重要的年份，所有的酒店都会客满，直到住在费城市中心一家酒店的几个人突然死亡为止。

他们被诊断出死于一种新的疾病，这是由空调系统中真菌的积累引起的。这种疾病被命名为"退伍军人症"，因为酒店的客人们正在参加美国退役军人大会。在这些人死后，游客们开始相继取消预订的房间，整个费城随即发现自己陷入了小小的衰退。这时，我们不得不再次寻找节省的对策、减少开支和实行裁员。

我为奥拉夫工作了几个月后，一天，他打电话叫我到他的办公室告诉我，巴德想和我谈谈作为芝加哥万豪酒店餐饮的开幕主管的事。这些关于巴德和奥拉夫的工作事项我都能做得很好。这将是当时万豪最大的餐饮业务，我简直不敢相信。一切都很顺利。我得心应手。相信有人在保佑我。我的生活蒸蒸日上，被解雇已成为遥远的记忆。我有80%的自信，同时自尊心也已入佳境。我知道我能得到这份工作。奥拉夫和巴德都谈过了，他们之所以同意，是因为我既具有管理才能，又具有实践经验。

事业如同过山车。当它们上升的时候，一切都很顺利，时而平静，时而有趣。而当它们下降的时候，生活就变得非常可怕。大多数过山车在跌落后会再次上升，你也可以。在工作上经历了坎坷后，你表现出的积极态度和坚定不移决定了你的成败。

我随之和巴德通了电话。他了解我，我也了解他，所以我不必去面试。星期五，我和普莉西拉飞往了芝加哥，星期六就买了房子。我们星期天回了一趟家，收拾行李，然后搬走了。我们从未这么快就买下一套房。

这是第八次搬家了，那一次是1977年，丹尼尔时年9岁。直到目前，我已经工作了近30年。我们在宾夕法尼亚州的伯温买了第一套房子，位于费城的郊区。房子很小，经过了修缮，而且由于我们要搬到芝加哥，仅仅两年后就不得不卖掉它，因此我们亏了钱。我们一开始就能买下它的唯一原因是我母亲愿意借给我们首付，而我最终在很多年后还了这笔钱。除此之外，我们还有两辆大众汽车。普莉西拉的父亲在纽约买了一栋公寓，房主把一辆白色大众汽车留在车库里，他送给了我们。我们现在是一个拥有两辆大众的家庭了。一年后，白色的那辆就坏了，随后我们从我的经理史蒂夫·布拉德利那里买了第三辆，他被调到了巴巴多斯万豪酒店。他报给了我们一个非常好的价格，因为当时《费城问询报》罢工，他无法在分类广告上出售它。

我们在芝加哥买了一套更贵的房子，两年后我们又搬了一次，结果也亏了钱。所有我认识的人都说他们卖房子的时候赚了很多钱。我们从没经历过这种事。回首往事，我希望我们能再多租住一段时间。

芝加哥的工作很不错。芝加哥万豪酒店的工作很棒。一切都按部就班、平稳有序，做好计划，雇佣经理，可以放开手脚做事的感觉，真是令人兴奋。前六个月感觉不错，因为我们处于开业前。开张后，艰苦的工作就开始了。由于我们与全国餐饮协会大会同天开幕，因此每间客房、每一家饭店、每间宴会厅都已客满。1978年，这是我一生中工作最艰难的一年。

我的五天上班制去哪了？

开业当天，公司董事长兼创始人马里奥特先生及其妻（同时又是联合创始人）艾丽丝和他们的儿子即总裁兼首席执行官比尔·马里奥特及他的妻子唐娜一家叫我坐下来和他们共进早餐。这家店是以马里奥特太太艾丽丝的名字来命名的，全名是艾丽丝烘焙店。这是我在开张那天最不想去的地方。

我刚点了杯咖啡，服务员随后就端上了奶油，结果他不小心绊倒了，把整个奶油罐都洒在了比尔·马里奥特全新的棕色绒面皮夹克上。在那半秒钟里，我忽然看到自己眼前闪现的生命历程。我看见了一道光，看来我要死了。然而比尔却不介意地说："这种事情总是发生在我身上，可能是因为我看上去让人紧张了吧。"就我而言，这已经是对那天情形的轻描淡写了。比尔确实让我放心了，这是他作为一个伟大领袖的又一迹象。接着，我回过神来，我仿佛又看到了一道光……得，我又醒过来了，我不由得松了一口气。

在等菜期间，马里奥特夫人顺便教了我如何做辣椒。她告诉我，我总是用斑豆而不是菜豆。大概这时，开始上菜了。她吃了几口早餐，过了一会儿，马里奥特夫人转向我说："李，要是你不整顿一下这里的食物，我就把我的名字从这家餐馆撤下来。"一瞬间，我似乎又看到了一道光，我肯定死定了。我只好答道："好的，马里奥特夫人，别担心，我会处理的。"她说："好吧，李，你来做。我知道新店开张很难，但我希望你能让这个地方变得很棒。"我随即又一次体会到了"简洁明了"这个词的意义。她说得很清楚，我明白她想让我做什么，我和她都理解对方的意思。请扪心自问，你自己是否能清楚地做到有效的沟通，没有任何被人误解的余地。这一件事将大大提升你和你的团队的表现。要有一语道破真相的勇气！

再一次，我回过神来，理解万岁。我还活着。我成功抑制了自我防御的本能。我随后起身失陪了片刻，接着去和主厨进行了一次推心置腹的谈话。如果你没有经历过这样的一天——开张这天以与马里奥特家族的相处开始，你就不知道什么是压力。

很快，我就清楚地知道，哪些领导能干，哪些人没有什么能力。似乎每个人都能胜任开业前的工作。而当客人出现时，就是展现能力的时间了，你很快就会发现每个人到底是什么样子。

　　我一生中从来没有因为业绩问题而解雇过经理，但我在这份工作中必须这么做。第一个被炒的是与我以前共事过的人，我招募了他，并说服他离开了他的老东家来到芝加哥，可事实证明他没能力胜任这份工作。他身居要职，可是他所在的部门却一团糟。我因此拖延了很久。有一天，巴德告诉我，如果我再不采取行动，他就要解雇我。这是我职业生涯中最难做的事情之一。

　　几年后，我参加了一次时间管理研讨会，当时的培训老师说了一件事，那就是要以领导的眼光来看待事物。他说："一个领导者的角色就是从实际出发，做好本职工作。有些事不得不做，按照它本应该的方式去做，无论你喜欢与否。"我喜欢这句话，并且从来没有忘记过。我真希望我能早些学到这样的经验。即便是今天，每当我遇到困难时，我还会想起这句话。这句话也帮助了我和妻子教育儿子丹尼尔。

　　以前，我讲话比较会绕圈子，通常在一个小时的谈话结束时才告诉那个人，我必须让他走。我也可能把这归咎于别人，其实这并不是一个伟大的领导者该有的品质。

　　在那之后，当我们谈话的时候，我学会了迅速告知他们，他们被解雇了，然后再花一个小时告诉他们原因，这样他们就不会在下一个岗位上重复之前的错误和行为。在这项工作中，我学到了领导的责任之一是处理不合格的人，并因此考虑其下属可能受其影响，令事情重回轨道。除此之外，我还要顾全他们对客人和生意的影响。我的工作与其说是关于餐饮，不如说是关于员工及其表现、领导能力和工作能力的方面。

一个星期天的早晨，我告诉普莉西拉和丹尼尔我一会儿就会回去见他们，然后我就去酒店上班了。但我连续六个星期没能回家了。普莉西拉给我带来了衣服和用品，并且在周末和丹尼尔一起来看我。新店开张带来的问题很多，我从来没有这么努力过。事情怎么能在这么短的时间内从好到坏的？真的很令人惊讶。后来在迪士尼，我曾说过从魔法到悲剧就在一瞬间。

就像是可怕的"9·11"事件。前一天9月10日，生活还是如此美好。我认为这些年来的艰苦工作帮助了我，为我的职业生涯做了很多准备。一旦你在餐饮行业做久了，似乎没有什么能难得住你的了。新店开张也是每个人都应该经历的。

在压力之下，我更加了解我自己了。我知道自己可以保持冷静，这对团队其他人来说也能起到积极的作用。我学会了公开地告诉员工我多么感激他们的努力，因为坦白说，我担心他们会辞职。我学会了如何变得非常坚定，并且在必要的时候发号施令。与在商业周期的其他时候相比，你似乎在开张和危机期间需要做更多类似这样的事情。倘若开头没有做好的话，之后就很难掌控了。因此，在开张的时候就让一切进入正轨十分重要。我想这就是马里奥特夫人用自己独特的方式告诉我的原因。

很快，一切变得有条不紊，进行得很顺利。我犯的唯一的大错就是在距离芝加哥万豪酒店一小时车程的地方买了一套房。房地产经纪人告诉我，这里离芝加哥市中心只有35分钟；周日早上或凌晨3点确实是这样，但在我开车上班的其余日子里，情况并非如此。此外，下雪天和寒冷的日子会把通勤时间整体提升到另一个维度。

餐饮业的员工必须没日没夜地工作，而这种打卡制度使得在有些时候迫不得已调整作息时间。这样我就可以照常回家，见见我的家人。过长的通勤时间给我的工作和个人生活带来了很大的压力和困扰。

从那以后，我一直住在离公司很近的地方，我的上下班时间最多只有15分钟。你知道在芝加哥的冬天大众车的加热器有多差吗？你不会想知道的。顺便说一下，这款大众车也没有空调。夏天的芝加哥真的很热。每天在家多待两个小时真是太棒了。为了买到一所漂亮的房子和得到所谓的"美好生活"，很多人选择住在离公司很远的地方，美其名曰是为了家人。假如你不想在白天见到你的家人或房子，这是个不错的主意。

当我们几年后搬到巴黎去巴黎迪士尼乐园工作时，我们想起了这一教训。我们租了一套1000平方英尺的公寓，位于巴黎东部，离公司很近。真正漂亮的大公寓在城市的西边，但上班要多开30分钟车程。尽管我很想得到那套完美的公寓，但我想起了过去与开店有关的经验教训。谢天谢地，我在巴黎迪士尼乐园工作的时候做了这个决定。

我在芝加哥这个职位上工作时发生了另一件大事。营销总监乔恩·勒布问我是否愿意向300位代表们发表关于餐饮业务的演讲。我同意了，这是我犯的第一个错误，因为我不知道如何做演讲。记得17年前上大学的时候，在我被要求发表演讲的前一天，我退出了演讲课，因为我当时吓坏了。

我瞎弄了几天，在黄色的便笺簿上写了一篇演讲稿。我真的没有练习过，这一天很快就来了。我走上讲台，望着那300人，随即就知道这是个糟糕的一天。我硬着头皮朗读了我的演讲稿，你知道那有多无聊吗？而且，它的确很无聊。我的演讲显得漫不经心，因为我真的没有什么要点要说，也没有什么可说的。这是一次糟糕的演讲，观众的表情说明了这一点。

我猜当时他们在想："把这家伙弄出去，他到底在说什么？"我甚至都不知道如何收尾，我不停地讲，希望假使自己说得够久，然后最好心脏病发作，死亡能让我摆脱痛苦。每当回想起这一天，我的胃还是会隐隐作痛。

然而，在场的观众仍然显得很有礼貌，他们为我鼓掌，但我知道真相。第二天，我开始学习如何演讲，如何表达观点，如何变得有趣，以及如何表现幽默感。

我得到的最好的建议是来自比尔·马里奥特的岳父、犹他州大学演讲与营销专业荣誉教授罗亚尔·加夫博士。他教过演讲，还写了一本书，书名叫《学会说话》。他随后给了我他的书和五条建议，从那以后我就一直遵循它们。他说：

· 不要正儿八经地演讲，要讲故事。
· 不要就你不热衷的事情发表演讲。
· 不要让别人为你写演讲稿。
· 总是用个人故事来说明你的观点。
· 你的听众不知道你想说什么，所以如果你忘记了什么，那也无所谓。

这些年来，这些建议对我真的很管用。讲故事——不要演讲——这就是教训。当我加入迪士尼的时候，我又学到了这点。讲故事是游戏的名称，每个人都喜欢好故事。我总结了一条规则：不能使用幻灯片。正如我告诉客户们所说的："朋友之间不需要用幻灯片。"我还告诉他们，我母亲没有使用过它，而是还会加上一句："当我和你说话的时候，看着我。"最后，当您使用幻灯片时，不可能具有鼓舞人心的效果。

1979年底的一天，我搬回芝加哥两年后接到一个电话，一个在华盛顿万豪总部的人想和我谈一谈晋升为区域餐饮总监一事。他叫阿尔·莱费弗尔，也是我生命中第一个重要的"阿尔"。第二个重要的是阿尔·维斯，我在全球迪士尼的老板。阿尔·莱费弗尔是万豪酒店和度假村的区域副总裁，他在市场营销领域很有名气。

阿尔·莱费弗尔在我不知情的情况下入住了芝加哥万豪酒店，并进行了三天的餐饮操作测试，看看我是如何经营的。他检查了所有餐馆、宴会、酒吧和客房服务中的食物、服务、卫生、维护和其他许多东西。他在电话中告诉我，他已经知道我有多好："你的行动反映了你个人的能力。"

这句话让我终生难忘，你的年度绩效评比并不能高于你的运营绩效。

在我的第一本书《创造魔法》中，有一章就建议你在招聘新员工之前这样做。先去考察他们的行动，看看他们是否和他们说的一样好。事实胜于雄辩。

在第六章中，我会告诉大家更多关于我职业发展的其他

部分，以及我下一份工作中遇到的良机和挫折。我即将离开
芝加哥前往华盛顿特区。尽管怀揣着五百万美元的工作经
验，可存在银行里的钱却很少。但至少到现在为止，我们
已经开了一个储蓄账户。在工作15年后，我的经济状况开
始好转。

我和妻子决定把这辆黄色的大众车送给她的弟弟汉克，
他需要一辆车。而我们已经开了七年了。我们开走了白色的
大众车，或者就像我在一家高档餐厅让服务员泊车的时候那
样叫它银色大众车。每当开那辆车离开时，银色的大众车看
上去似乎总比白色的更好。这就像是在说银色宾利或劳斯莱
斯一样。

那时我已经工作15年了。彼时我35岁了，儿子丹尼尔快
11岁了，离大学只有7年的时间了！哎呀！

我忽然意识到，我至少还有30年的工作时间，因此也许
我的财务状况和职业生涯并没有我想象的那么困难。可惜，
我们不能一下子就看清前方的道路！

第五章

· · ·

为真正的战斗
保存好每一颗子弹

· · ·

准备芝加哥万豪酒店的开幕典礼是一次非常棒的经历，为我的下一个职位——华盛顿特区万豪总部的区域餐饮总监做好了铺垫。

那时正值1979年11月，就如之前所言，我已经工作了将近十五年。那时我35岁了，丹尼尔快11岁了，离上大学只有七年的时间了。我们仍旧没有很多积蓄。居住在这些高消费的城市并没有为原本的储蓄账户或理财产品锦上添花。到目前为止，我们所能负担得起的一切就是每个假期坐汽车走亲访友。在那些日子里，我们不可能负担得起去迪士尼乐园的旅行。

自1964年以来，我已经做过15份工作了。我们即将搬到华盛顿去，这是我们第八次搬家。普莉西拉为此很开心，因为那是她长大的地方。我也很开心，因为那是我职业生涯的起点，我非常喜欢华盛顿。可是丹尼尔却不高兴，因为他不想离开他在芝加哥的同学。这种不开心的状态大约持续了两周。倘若我们的状态能恢复得像孩子一样快，我们会过得更好。

我的新职位是担任东海岸万豪酒店和度假村餐饮业务的区域餐饮总监。现在我将和该地区一个主管团队一起共事，并向区域副总裁汇报工作。这也是我人生中的第一个总监级别的职位。

　　还记得我们之前把黄色的大众车送给了普莉西拉的弟弟吗？这一次，公司会给我这个职位的人配辆车子。我说过，"塞翁失马，焉知非福"，每一份工作都有好有坏。为此，我专门取了个名字，叫作"福利和反福利"。有时我觉得它们会互相抵消。比如这辆车是个不错的福利，而反福利是，我几乎每周都要出差五天，星期一到星期五都得离家远远的。

　　另一个不利之处是既不能和家人共进晚餐，也不能和他们一起吃早餐。当我行进在暴风雪中，勉强赶上东北部如波士顿或纽约起飞的最后一班飞机之后，周五晚上回到家都会感觉很累，我过得很艰难。不过，另一个好处是，华盛顿的工资要比芝加哥高得多，但是华盛顿的住房和其他东西的成本也要比芝加哥高一些。在福利与反福利之间，周而复始。

　　担任公司总部工作人员对我来说是一个完全不同的角色，因为我之前的15年都是在分公司。我们团队是由区域副总裁、市场总监、销售、财务、客房部、人力资源和餐饮组成的。在这个职位上，我对东海岸酒店的餐饮主管没有任何官方权力。他们直接向每家酒店的总经理汇报。我应该通过影响力和专业知识来完成我的工作。事实证明，这是一个挑战，因为当时我的管理风格是通过告诉人们该做什么并利用我的权威或恐吓来完成任务。

　　一开始，我并没有像我应该做的那样，在这个新的职位上和总经理合作无间。不过，我在这方面确实做得更好了，因为我发现自己需要他们的支持，才能把工作做完。你看，还没有人跟我谈过领导力、合作关系以及我在《创造魔法》

中写的所有方面。

噢，我多么希望在那些日子里能拥有那本书。我在《创造魔法》一书中所写的很多东西都是因为我有能够反思自己在职业生涯中所犯的错误，以及观察杰出抑或差劲的领导者的行为。

在技术方面我很出色。我是个很棒的经理，意味着我能让事情有条不紊地进行。每次我都能在规定期限完成我的工作，我的同事都很清楚这点。同时，他们也知道，无论他们是否向我汇报，他们最好能在规定期限内完成工作。几年后我才发现，我的绰号叫杜宾犬。现在我是一只可卡犬。我能咬人，但我不咬，我也不经常咆哮。

我之所以完成了作为区域餐饮总监的职责，平时完全是靠着一股干劲和偶尔流露出的咄咄逼人。如今，我做事的方式就很不同了。

尽管如此，我的确取得了成绩，而且我每年都在年度业绩评估中获得最高的评价，所以我的管理风格也得到了加强和改进。

你看这就是问题所在。如果一个人行为不端，而你给予他最高的评价，那么你就是那个使问题变得更严重的人，你也损害了那个人的未来，因为这些不好的习惯早晚会害了他。每天早上看报纸的头版，每个故事都是关于失败的领导力和糟糕的领导行为。去拿报纸看看，这些事每天都出现在头版上，同时也出现在当地新闻版块——甚至在体育新闻版块上——当然也出现在商业版块。我敢肯定他们甚至会出现在分类广告上。这样的素材层出不穷。例如那部由斯科特·亚当斯所著的漫画《呆伯特》①，灵感就来源于差劲的领导力，这个导演永远不会缺乏原材料。

在这个新的岗位，我们团队每周都要出差视察一两家酒店，并对他们的表现进行审核。我们会检查一切是否符合要求，有时会发现很多事情做得不对，这给酒店方面带来很大压力。当一只杜宾靠近你时，你肯定会感到压力在逼近。

后来，我尝试了一种不同的方法。我会在视察前30到60天通知酒店我要审核和检查哪些方面。这给了他们时间来协调和整改。在30至60天内，他们会采用新的业务准则和做法。重要的事情就能做得很好。

现在我发现好多了。他们从这个过程中学到了很多东西，我们在没有压力的情况下进行了一次愉快的考察。那时，我就变成了混血犬种，是半杜宾和半可卡犬。在下一次视察时，我会给他们一张清单，列出其他要重点关注的事情。随着岁月的流逝，我变得更像一只可卡犬，而不是一只杜宾犬。我从当老板转变为教师。

这里的经验总结是，寻找正确的东西远比仅仅寻找错误的东西更有效率。

我们的团队将在视察开始和结束时与酒店管理团队坐在一起，并确定优先事项。我们通常会在三个月后再来，重新检查这些优先事项，以确保他们完成工作。用这种方法使各方面取得了很大进展。我们总是给酒店留出一份可衡量的优

---

① 一部由作者自身办公室经验和读者来信为本的讽刺职场现实的作品。

先事项清单，以便他们在可做到的最后期限内完成工作。

　　普莉西拉和我随后在马里兰州的罗克维尔买了一套房子，地址位于华盛顿特区的郊区。1980年，经济危机正处于高峰，利率每天上升半个百分点，这是缘于经济衰退带来的一系列通货膨胀和失业问题。美联储在处理失业问题到来之前试图稳住通货膨胀，因此每个人都感受到了程度不一的痛苦。我认为时任总统的吉米·卡特在白宫也是如坐针毡。

　　我们的抵押贷款最终以11.5%的利率价格收盘，相比之下，这应该是一件很幸运的事了。我们在芝加哥是8%利率的抵押贷款，所以工资的增长很快随着抵押贷款利息的增加而消失了。抵押贷款利率最终在1980年升至20%。当这种情况发生时，我们的抵押贷款利率看起来相当不错，但和马里兰州蒙哥马利县7%的地方所得税相比，我们的利率仍然属于反福利的范畴。此外，房地产税也要高得多，华盛顿特区的许多东西也是如此。

　　而其中一个很大的好处就是，我们搬进了一个环境不错的小区，邻居为人友善，孩子们天真可爱。通过观察那些儿童的行为，我学到了很多东西。当搬家的货车把我们的家具卸到新家时，我又学到了一课。当时，门铃响了，我打开门，一群小男孩站在门口。我一眼就能看出谁是领头的小孩，那个领头的孩子抬头看着我们说："嗨，我是鲍比·雷格。你们有孩子吗？"我说："是的，我们有孩子，但他还没到。他还在芝加哥，和他的朋友们住在一起，要两周后来这里。"鲍比说："好的，我们会回来的！"

　　倘若成年人能够学会像孩子一样外向和直接，那么无论搬到哪，很快就能有新朋友。这些孩子才9岁。对一个9岁的孩子来说，一辆搬家的货车预示着可能有一个新朋友的到来。对一个成年人来说，这意味着"我想知道他们是谁，我是否会喜欢他们""我想知道他是做什么的"，或者"我希望他们很友好"。孩子们才不会考虑这些——他们直接行动。即使38年后的今天，丹尼尔与他儿时的伙伴詹姆斯·托特、阿尼·派克和马克·苏雷特仍然是朋友，我们经常见到他们和他们的家人。

另一个好处是，我们买的这套房子离我的办公室只有9分钟路程，而且在一个相当好的学区内。不好之处是，我经常要跑的不是办公室而是机场，因为华盛顿交通拥堵，去机场要45分钟了。对于丹尼尔来说，他可以步行上学，无论是小学、中学，还是高中。普莉西拉觉得这简直妙不可言。是的，那时候父母都赞成让孩子步行去学校。

普莉西拉的父亲——海军上将查理·佩恩有一天打电话来，说想把他公司的旧车子——一辆开了四年的克莱斯勒送给我们。在服役了32年的海军生涯退休后，他在得克萨斯州经营一家船厂。我所要做的就是飞到达拉斯，接手这辆车，然后开车回来。这太棒了。我随即飞到达拉斯接收了车子，这也意味着我们摆脱了最后一辆大众车。从得克萨斯州开车回华盛顿的路上，我学到了一堂很好的课。

当我开车经过得克萨斯州时，一名当地骑警在一处偏僻的地方拦住了我。他走到车前，非常礼貌地说："下午好，先生。请问您有什么紧急情况吗？"我说："没有，先生。"他说："好吧，你就坐在这里，我给你写超速罚单。"这个骑警的专业、沉着应对的态度和仅仅只问了一个问题的效率，给我留下了深刻的印象。我甚至没有因为拿到罚单而生气。我相信，如果我有充分的理由超速驾驶，他会协助我，而且不会给我那张罚单。很明显，我学到的经验是永远保持专业。他把单子递给了我，说："多加小心，祝你愉快。"他如此谦和友好，完全可以去迪士尼上班。永远记住，有时候伤人的并不是你说了或做了什么，而是你言行的分寸。请谨慎措辞。正如我的孙子朱利安提醒我的，你的舌头是身体中最强壮的肌肉之一。请谨慎使用它，以免伤害他人。

普莉西拉现在也有一辆大轿车了，但也有不好的地方，那就是它总是出故障。如果下雨，车就会发动不了，有时，哪怕是艳阳高照，它仍旧发动不了。只不过，它是免费的。

我告诉你，你真的需要学习我的福利与反福利理论。我想这是我自己创作的词，因为之前从未听说过。华特曾经说过很多哲理，所以我也想多说些，等我离开这个世界以后，人们也会说"这是李说的"。尽管我觉得华特比我说得好。大多数人对自己没有的东西想得太多，而不是为自己拥有的东西而心存感激。

我在这份旅行工作中学到的一件大事是每晚打电话回家，但不要总是告诉妻子晚餐吃了什么。我们在路上品尝丰盛的晚餐，而普莉西拉在家努力养大丹尼尔，经常以烤奶酪或金枪鱼三明治果腹。在酒店上班的伙食很不错。我的部分职责是在每个城市最好的餐馆里品尝美食，不利之处则是假使我不加以控制的话，我的腰就会持续变粗。事实上，在我

27岁时就开始经常锻炼了。在餐饮行业，你每年都会悄然增重几磅，而之后才意识到。事实上，在大家还不流行慢跑的时候，我就开始慢跑了。那时候，跑鞋还不贵，现在的跑鞋可能比你衣柜里的任何东西都贵。定期锻炼是一件好事。如今的我像当初20岁退役时一样，我每天早上给自己称体重，在网上查找我将要消耗的食物的卡路里。我尝试早餐摄入低于400卡路里，午餐时再低于500卡路里。这样我就能享用一顿丰盛的晚餐，还能喝点葡萄酒。我每周做两次举重训练，几乎每天都散步或慢跑。现在就在你的生活中培养这个习惯吧！做领导需要大量的精力，而且在必要时刻不得不长时间工作，感觉不错和感觉良好之间有很大的区别。

我学到的另一件事是在周五晚上回家的时候带普莉西拉出去吃饭，而不是在沙发上睡着，然后及时醒来再上床睡觉。这种做法对婚姻来说确实很糟糕，但不幸的是，即使在今天，也有很多夫妇在过着这种生活。

这一年，我收到老板乔治·沃什科的一份备忘录，说我必须参加一个时间管理研讨会，不得请假。备忘录上写着，这将是一个为期两天、每天持续八小时的会议。我拒绝了，并且试着给出理由。我说："我没有时间去参加为期两天的时间管理研讨会。"

这个理由显然是不合适的。如果你没有时间，那么你真的需要去学习一下。这就好比说我没有时间去锻炼和保持健康，但是这个决定的最终结果将是我很早就离开了人世。

我拒绝参加的原因是我认为自己很有条理，我能按时完成我的工作，而且表现总是很好。

令人难以置信的是，我在这次研讨会中受益颇多。我相信这对我1980年以后的生活会有很大的帮助。这是我参加过的最好的研讨会。这次管理研讨会又一次告诉我，我并不是万事通。在我的工作中，我总是反复地犯同样的错误，如今我总算克服了这个问题。我现在懂得了"学无止境"这个词的真正含义。事实上，总认为自己能做到是非常傲慢的，因此要倾听他人的意见，要不耻下问，你会学到很多新东西，这将使你在生活的各个方面都成为一个更好的领导者。

在这次时间管理研讨会上，我的总结是：

· 我知道自己工作的时间太多了，因此花了太多周末和晚上的时间完成工作。

· 我学会了找侧重点而非面面俱到。

· 我学会了如何通过让他人参与和做出有效的授权来完成大项目。

· 我学会了如何关注家人和朋友，如何安排自己的生活，而不是总想着把工作生活和个人生活分开。一种生活已经很难过了，更何况是两种生活。

我学会了侧重生活中的优先事项，这就是我开始安排每周五晚上回家和普莉西拉共进晚餐的原因。尽管我很疲惫，但是在一起出去聊聊这周发生的事、说说丹尼尔的表现，这样过一个安静的晚上就使得夫妻关系有了很大的改善。我们经常就只是去附近的一家小餐馆吃个汉堡、喝点小酒什么的。有时我们会去高档餐厅，但是我们最爱的还是那家小餐馆。这家小餐馆很随意、安静，离家不远，一段时间后，我们成了那里的常客。当你是常客时，整个体验就会越来越好。我又学到了，把所有的客户都当作常客对待，他们很可能会真的变成常客。

在你的生活中安排优先事项是一个很重要的概念。这就是为什么我每天都要在日历上画出锻炼时间。如果我没有提前规划，我就没有固定的锻炼时间。但当我在日历上安排好了，我就取得了真正的进步。我想在退休后也能好好地生活，所以理所应当保持健康的体魄、合理的饮食以及充足的睡眠这三个必要的条件。请不要吸烟甚至不要和吸烟的人待在一起！

假如我交了40年到50年的社保，到时候却一分钱都拿不到，我会很生气的。至少，你应该设定一个活着退休的目标。现在我开始领社保了，我打算领很久很久。

在时间管理研讨会上，我还学到了很多其他的知识。如果你也想学，请参考我的书：《时间管理魔法》。学会管理自己的生活是至关重要的，除非你喜欢把生活弄得一团糟。这个系统会让你的生活尽在掌握中，这就是时间管理的最终目的。花点时间计划你想要的生活，否则你会浪费很多时间过你不想要的生活。

在我职业生涯的这段时间里，又发生了一件事。我了解到一个在肯塔基大学的服务研讨会，我报名参加了这个名为"美式服务"的为期两天的研讨会。讲解人是同名书籍《美式服务》的作者。

研讨会的核心内容是如何管理服务业务，就像制造公司在一条制造装配线上管理控制质量一样。当时一致认为服务业的优质服务都是靠碰运气的，而这次的研讨会使该观点不攻自破。

　　研讨会的重点是你如何不靠运气就能做好服务。服务企业拥有比其他公司更重要的关键接触点和服务，如员工选择、培训和审计。如果您有兴趣了解更多关于管理服务业务的方法，您可以阅读这本书。

　　这次研讨会让我非常兴奋，它教会了我如何运用正确的供应流程、期望值以及对员工的教育和有效的执行来提高服务的一致性。这次研讨会和时间管理研讨会都十分关键，它们改变了我在工作方面和个人责任方面的管理风格和方法。这两次研讨会让我对领导力产生了浓厚的兴趣，于是我开始阅读和研究手头上相关的一切素材。另外两本对我有影响的书分别是肯·布兰查德的《一分钟经理人》和史蒂芬·科维的《高效能人士的七个习惯》。我现在仍然保持着阅读的习惯，准备开始学习彼得·蒂尔和布莱克·马斯特斯所著的《从0到1》。我开始钻研报纸和周刊的每一篇报道中领导人物的成功和失败。这些功课开始跳出电视和报纸，内化成我的一部分，这是前所未有的一种体验。我真的很想更多地了解一个人在引导正确的事情发生时能产生多大的影响。《美式服务》这本书和研讨会帮助我解决了困扰自己很多年的东西，我每天都用从这里学到的知识来完成工作，思考大家做得如何。

　　"真相时刻"是指顾客、病人、学生、乘客等人群与公司产品或员工接触的时刻。这种时刻发生时就像一场游戏，即期望和现实的契合点。顾客会满怀期待而来，这些期待是他们通过营销和广告活动、口碑、销售宣传或者以前的来访在脑海中形成的印象。即使是他们自己，也会发展自己的期望值，从而把在头脑中的期望值提高到一个远远超出我们想象的水平。

市场营销的工作就是创造期望值，而我们在运营中的工作就是把它执行得达到或超过这个预期。当业务超出了客户的期待时，就为他们再次光临树立了一个期望值，这就意味着，至少我们必须一如既往，甚至还要做得更好。

接下来，我开始培训员工有关"真相时刻"、时间管理和领导力的概念。我很快发现，当你教别人的同时，你也在学习。教学能让你更好地实践。你不可能只教别人而不真正地实践。我意识到，每当我想强迫自己去做某件事时，我所要做的就是站在学员面前，告诉他们我的立场和计划。这个简单的动作驱使我去完成此项任务。

假如领导不能很好地实践他所说的，那么很快就没人尊敬他了，而且最糟糕的是，很快就会没有追随者。一旦缺少了追随者，就等同于只是名义上的领导了。

不久之后，我就被认为是时间管理、领导力和服务管理方面的专家。有趣的是，只要专注于一些事情，并尽可能地去了解，你就能获得这样的声誉。我想我读过每一本关于领导力和管理的书。然后，我开始在世界各地向万豪所有员工甚至是外部团体讲授类似的知识。我从参加的这两次研讨会中学到了许多很棒的经验。从长远来看，成为这些领域的专家会更好，因为我向成千上万的迪士尼演员教授了这些相同的理念，如今又有了一个非常成功和非常有利的业务，那就是在世界各地向各种规模的组织教授这些概念。这两次研讨会甚至帮助我成为一名成功的作家。

当我真正擅长于时间管理系统的实践之后，我开始在相关的研讨会授课，以帮助其他人变得更有组织纪律性，同时又可提高我的公共演讲技能。这很好，因为那时我可以和让我感觉比较舒服的同事一起练习。

我一直在想，有多少人去参加一个研讨会或一堂课，却从不把所学知识运用于实践，估计有很多。而真正令我烦恼的是，很多人过早地放弃了自己，而不是坚持不懈、持之以恒地实现他们的目标和梦想。正如丘吉尔所说，"绝不，绝不，绝不放弃"。

在史蒂芬·科维所著的《高效能人士的七个习惯》这本书中，"七个习惯"也被称为"磨锯子"。这就意味着，如果你想让自己拥有更好的表现，那么你就需要提高你的技能和知识，就像一个人为了让锯子变得更锋利而去打磨它一样。参加研讨会、保持阅读习惯和亲身体验都是在磨砺锯子。你是锋利的还是迟钝的？你上一次磨锯子是什么时候？请记住，除非你再也不打算使用锯子，否则你就不能只把锯子磨尖一次。倘若真是那样的话，那为什么一开始要先把它磨尖？伤害自己的最好方法是使用一把钝刀。钝刀比锋利的刀更危险，因为你必须更用力。

在接下来的几年里，当我去万豪酒店考察时，我会对这些酒店进行审计，并教授时间管理、服务管理和领导力课程，这有助于员工成为更好的领导者和管理者。这也给了他们一个可以更加了解我的机会。我向那些人提供他们所需要的知识和工具，以使他们的工作做得更出色。当你这样做的时候，你真的是在发挥作用。如果你想留下点什么，教育就是领导者应该做的。教学有多种形式，包括在教室里教授理论、实地考察和纠正错误，或者只是简单地树立一个好榜样也行。我们都记得生命中那些伟大的老师们。我想，这就是为什么普莉西拉48年来一直对我说："李，你说话做事都要小心谨慎，他们都在默默观察你、评判你。"这对我们所有人都适用。在工作和家庭中，榜样是最好的老师。记住，你的孩子和下属们总是在观察和倾听。他们不是通过你说的话来塑造他们的价值观，而是通过你的所作所为来学习，言传身教至关重要。

渐渐地，世界各地的人都走到我跟前告诉我，他们在20年前参加过我的一门时间管理课程，以及这些课程是如何帮助他们的。一位女士告诉我，我的课程甚至挽救了她的婚姻，她很高兴她丈夫参加了我的课程。

此外，还有一些人告诉我，研讨会后他们做出了怎样的改变，以及这些课是如何推动他们的事业，帮助他们的个人生活。我喜欢倾听别人的反馈，并通过教授一些我学到的东西来帮助他们。对我而言，这就是领导力所带来的真正的满足感，领导者的工作就是培养更多的领导者。父母的工作是培养孩子，让他们可以成为伟大的父母、公民和领导者。在儿子丹尼尔去波士顿大学之前，我甚至让他和他的几个朋友参加了我的时间管理研讨会。我告诉他我只给他付四年的学费，因此他需要服从学校的管理、要好好上课，每节课都要坐在前排，告诉教授们他们讲得很好。当教授认识你并且知道你欣赏他们的时候，他们可能会给你一点利益，提高你的分数。现实生活就是这样。如果人们不认识你，就不会帮你。所以，别坐在后面。

1979~1984年，我一直在万豪担任区域餐饮总监。在这期间，我帮助100多家酒店开张，总是出差、出差又出差。我的大部分时间都花在为公司招聘新员工上面，因为我们的发展是突飞猛进的。在这样的时候，你会真正了解到天赋是多么的重要。我真希望那时我就知道几年前在迪士尼从盖洛普团队的简·米勒那里学到的如何使用结构化访谈的技巧，以及从我的搭档卡罗尔·奎恩那里学到的如何提出正确的问题和在答案中要找出些什么的技巧。倘若你有兴趣成为面试和招聘方面专家的话，卡罗尔的网站是www.HireAuthority.com。假使你提起我的名字，她会给你优惠。如果不上网，至少研究一下她的书——《没有我就别聘用任何人》。

这些结构化的面试帮助你了解人们是如何思考的，而这正是你在雇用他们之前想知道的。那时候，通过原来常用的面试过程，我雇用了很多不合适的人才。当时我问了太多可以用"是"或"否"来回答的问题。我们每两周开一家酒店，因此我雇用了几乎所有与我交谈过的人。现在我学会了如何雇用合适的人才，很少犯大错误。

1984年，我升职为酒店餐饮部的区域副总裁，其职责包括了美国所有的万豪酒店和度假村的一半业务。这项工作也是出差、出差和更多的出差，好处是副总裁的职位让我的薪水上涨了，弊处则是无休止的出差。当然，其中有个很大的好处就是，我又从这个职位的经历中学到了很多东西。

在此期间，我们致力于改善万豪的会议和餐饮业务，我们的目标是成为所有主要连锁酒店中最好的。我们在未来几年里通过制定新的服务和设备标准、雇用合适的人员以及教育（培训）和实施来完成这项任务。与此同时，新酒店依然在快速增多。至少在那些日子里，飞行是可以容忍的；你可以在飞行前60秒到达机场，而不会错过它。和现在的出差比起来，这是个小福利吧。

然而，我在这个职位上再次犯了一个大错，因为我没有花时间与万豪不同部门的区域副总裁建立良好的关系。当时，我确实是在以自认为合适的方式强制做出改变。我一门心思投身于完成任务，而在我开始使用策略之前，我应该建立起这种人际关系。这些区域副总裁在组织结构中处于高于我的位置，并有很大的影响力，我后来才发现这一点对我不利。这并不是说我做错了什么，但无论我们喜欢与否，都有一个无法忽视的政治角度，无可避免，永远不会改变。即使那些位高权重的人没有能力，他们照样可能损害你的事业。

一旦许多雄心勃勃、头脑聪明的人聚集在一起，那么彼此之间的竞争就开始了。风声鹤唳，明争暗斗。我相信，人们通常不知道他们在工作中和他们在与家人和朋友相处的私生活中的行为截然不同。正如有人曾经所言："你需要一个健康的自我来获得成功，但是你需要学会在重要事情开始前先自我审视一番。"良性的自我和傲慢之间区别很大。

人际关系很重要。千万别忘记这一点。如果你是一个表现很出众的人，技术上有能力，那你则是一位出色的经理。然而，若你没有强大的政治和关系技巧，你就有可能有失败的风险，至少会受到打击。拥有良好的一对一关系和多元关系的领导者会更容易成功，能够完成更多的事情。这个理念并不复杂，但许多人发现按照这个理念去做是非常困难的。只要有可能，就去争取双赢吧，而不仅仅是不惜一切代价为你一方赢得胜利。正如有人所言："为真正的战斗保存子弹。"

社会各个层面都会出现这种现象。有一些平时正直善良的人，当工作的时候会变得很奇怪，这是自身缺乏安全感和对利益的贪婪所导致的。很多事情都与自我有关，这种自我会使人变得傲慢和以自己为中心，这其中也很大程度上与自私的野心有关，还有许多其他的原因。这样的事情是很可悲的，而那些人通常都不知道人们在背后嘲笑和议论他们。我在希尔顿、万豪和迪士尼工作时都和这样的资深人士共事过，现在也经常会在生意场合中遇到这种人。我经常收到的参加领导人研讨会的评论之一是："我的老板非常需要听听你的研讨会。"你做什么，赚多少钱和你到底是谁，有很大的区别。

无论你是否正在指挥员工，你要确保的是言出必行。如果言行不一致的话，一旦员工知道后，你就会失去个人信誉。你有没有见过那些在上司和下属面前判若两人的领导者？下属看到的那个才是真正的自己，我们都需要确保自己的上司也是这样看待我们的。

在职业生涯的早期，我知道自己不止一次没有很好地了解良好人际关系技巧的重要性。这会让我看起来像个傻瓜吗？是的！在过去的几年里，我在这个领域的表现好多了。

如今的我才是真正的我，不论好坏，24小时都是如此。要表现出不同的个性很难，尤其是当你的老板和下属在一个办公室的时候。事实上，我想起很多与我曾经共事过的同事具有多重人格，他们真的需要接受治疗。如果你认识有这种问题的人，你可以建议他通过看心理健康专家，用医疗保险购买正确的药物来克服他们的多重人格障碍。

假如人们不喜欢你或不信任你，那么你就不会在成功路上走得太远，你永远也不会知道原因，因为他们可能永远不会告诉你。这确实是常识，但正如我们所知，越来越少人有这种常识。即使你带着这些特质得到了一份好工作，人们也永远不会尊重你。就我而言，这种人不适合高级别的职位。

生活中，你所拥有的只有你自己的名声。我希望我的家人、朋友和同事记住我是一个好人，而不是一个自私冷酷、不惜任何代价获得成功的疯子！自从我多年前开始创业以来，我就开始改过自新了。如果我还继续走我原来的老路的话，那将没有人会愿意来参加我的葬礼了。

1985年11月，我升职为集团副总裁，负责世界各地万豪酒店和度假村的餐饮规划。这是一份非常有趣的工作，因为我要从头开始规划酒店的餐饮业务。我到世界各地出差，在香港、墨西哥、波兰等地的项目上学到了很多东西。当你走向世界时，你真的会在知识和智慧上得到成长。

在中国香港，我了解到服务原来可以做得这么好。那是我体验过的最好的服务。这就是为什么至今我仍相信，只有体验过好的服务，你才能同样好地去服务别人。旅行、出门、体验世界是至关重要的，这样你就会知道你能做什么，它能驱使你变得越来越出色。到外面的世界去看看、去触摸、去听、去闻、去品尝吧！这种体验与阅读和在电视或电脑上观看有关节目大不相同。

亚洲的服务给我留下了深刻的印象，我和普莉西拉在丹尼尔1987年高中毕业时带他去过那里，让他长长见识。我们在日本、中国待了一个月，这次旅行给我们留下了不可磨灭的印象，我知道这改变了我们三个人的思维方式，一直到现在。

这就体现出体验和旅行的作用，它会改变你的想法和理念，开阔你生活中的思维和眼界。人们常常问我，我做的哪件事最有助于我的成功。答案是什么？我走出了自小长大的小镇，体验了世界上其他地方发生的一切。到目前为止，我已经走访了36个国家，在每个国家都有不可思议的宝贵经历。旅行也是克服偏执的最好方法。

我曾经去过墨西哥，为万豪的两个酒店项目做研究。在巴亚尔塔港接我的那个人连一个英语单词都不会说，我能说的西班牙语也不超过三个词。然而我和他一起度过了三天，完成了我们的工作，度过了一段愉快的时光。我们竟然能交流。我们俩互相展示了自己儿子的照片，这是我们的共同之处，也是彼此都为之骄傲的地方。我在此学到的经验是，只要你认真找，你们总会有"共同点"。

在柏林墙倒塌之前，我曾在波兰的华沙做过万豪酒店项目。当我在华沙降落的时候，到处都是配备自动枪支的警察。如果你没有经历过这种情况，我可以向你保证，它让我们对在美国拥有的美妙自由留下了永久印象。当我与建设项目的当地人见面时，总有一位政治人士在场监听我们的谈话。我记得第一次见面时是上午9点，有人递给我一杯伏特加，我说："不用，谢谢。"他答道："你不喝酒？"（那时候我滴酒不沾。）我说："不喝。"他说："从来没有？"随后，我喝了一杯咖啡，当时我认为在余下的旅程中，这个人会认为我有严重的问题。我们在下午3点吃午饭，晚上10点吃晚饭，这是波兰当地的习俗。我现在很喜欢喝酒，但为了确保以后自己也能有身体喝酒，我每年都会有几次戒酒经历，时间持续几个星期。这就是所谓的自律。

我之后完成了对华沙万豪可持续性发展的研究。在离开波兰之前，我与当地团队进行了最后一次会面，并告诉他们我将创建一家可24小时用餐的咖啡馆，该店将以一位著名波兰诗人的名字命名。他们很喜欢这个点子。我告诉他们，我们还有一个烤肉馆的想法，主营牛排、猪排和诸如此类的东西，并询问他们是否可以把它命名为"美国烧烤"。

这位波兰政治人士随即像心脏病发作一样，激动地说："不，不行，您不能用带有美国的词语。"然后我说："好吧，加州烧烤怎么样？"他说："不行，那里和里根太亲近了。"你知道的，那时罗纳德·里根是美国总统，他来自加利福尼亚。然后，我想到一个合适的名字。我在芝加哥居住过两次，我知道芝加哥有比世界上任何地方都多的波兰移民。我说："那芝加哥烧烤怎么样？"他脸上随之露出一个大大的微笑，说道："好，芝加哥很好。芝加哥有很多波兰人。"因此，华沙万豪的芝加哥烧烤店就这么诞生了。

在这份工作中，通过环游世界来完成工作，我学到了很多关于多样性和包容性的知识。当你走出去，慢慢了解当地人民，你会发现每个地方的人都是一样的。他们都只是想过上体面的生活，努力让自己的孩子过得更好，他们为自己的家庭、宗教、文化和国家感到自豪。

我花了很多时间泡在图书馆里，研究世界各地的食物概念，因为那时互联网还处于起步阶段，也没有像谷歌这样的搜索引擎。直至今日，我仍然喜欢去图书馆待上几个小时，因为这是一个思考梦想的好地方。没有人打扰你，图书管理员知识渊博、乐于助人。现在出差时，当我想要一个安静的地方工作，我会去公共图书馆。如果你不想带电脑，你甚至可以使用他们的电脑。

这天终于来了，我得知我的上司——高级餐饮副总裁卡尔·基尔堡即将要成为区域副总裁，经营一个区域的万豪酒店。他所拥有的是我一直坚信自己有一天能得到的职位。我完全可以胜任这项工作，当有这样的空位时，我觉得我没有理由落选。

有人含蓄地提示我，我可能不会得到这份工作。一连好几个月，每个人都自觉绕开这个话题，直到一天卡尔告诉了我真相。他说，我不会得到这份工作，因为一些区域副总裁不支持我，这些年来我为了完成任务，总是对他们粗野无理。顺便说一下，这是我第一次听到这样的评价。我总是获得每年的年度最高分级，从来没有人跟我提过这些。不要指望别人总是告诉你真相。别太天真了。

不管怎么说，五位区域副总裁支持我，四位不支持。

当时，我碰巧瞟到了卡尔桌上的名单，因为即便是倒着放，我也能看得很清楚。那上面每个名字旁边都有"是"或"否"。接下来的几个月里，我努力修复了和那四个不支持我的人的关系问题。由于我没有得到这份好工作，我告诉卡尔，我想离开万豪总部，去一家酒店做总经理。我没办法留下来为别人工作。

我可以告诉你，在这段时间里，我并不快乐。我开始很早就回家，没有把太多的精力放在工作上。我对没有得到那份工作感到非常失望和愤怒。当然，我可能也患有轻度抑郁症。我上一次这么失望是15年前我被解雇的时候。这十五年来我升职再升职、成功再成功，一直顺风顺水。还记得我说的过山车理论吗？我即将再一次面临过山车的大幅度跌落，这会使你的胃翻腾，它让迪士尼的摇滚过山车看上去就像儿童游戏一般。

对于我做总经理的事，他们起初说"不"，所以我现在很不喜欢"不"这个词。他们告诉我，我得先做一名驻店经理，我真的因此而气疯了。很快，他们就给了我一份总经理的工作，在马萨诸塞州斯普林菲尔德的公司里最小的一家酒店工作。那家酒店又小又旧，已经好几年没有翻修过了。

我接受了这份工作。我肯定他们以为我会辞职，但是我没有。我在酒店行业工作了23年，但我从来没有管理过一家酒店。我认为这是个好主意，会给我的未来带来更多的机会，退一步海阔天空。目前，我的职业生涯看上去并不是很好，但那个过山车很快又开始转动回升，而且这趟旅程将比我想象的更令人兴奋。我没有察觉，过山车正在去往魔法王国和华特迪士尼公司的路上。

那一年，我44岁了。丹尼尔19岁，他正在波士顿大学读大一。我已经工作24年，结婚20年了。此刻，我和普莉西拉准备进行婚后的第九次搬家。上一次搬家很顺利，因为从丹尼尔在马里兰州的罗克维尔开始上四年级起直到他上大学都没有任何搬迁。这对我们家来说是件大好事。

在这八年里，我获得了数百万美元的经验。我得到了几次晋升。我做了四年的副总裁，现在我要去学习如何管理一家酒店。到目前为止，我甚至在银行有一些储蓄和股票市场的投资。

在第六章中，我将告诉你我作为酒店总经理的全新经历，以及这次工作变动是如何成了我职业生涯中最重要的举措之一的。

第六章

．
．
．

树立标杆，
才会知道自己的分量

．
．
．

这是1988年，我在酒店业已工作了24年。这24年都在餐饮行业。我从宴会服务生开始，一路升到了副总裁的级别。我原以为我的下一次晋升将是万豪公司的高级餐饮副总裁，但正如前面所提到的，并没有如我所愿。我的职业生涯开始感觉就像是踩高跷一样，忽上忽下。

我对自己的处境做了很长时间的思考，并认为成为一家酒店的总经理对我的未来是最有利的。我成功地与一位区域副总裁谈妥了这笔交易。

我们在华盛顿特区住了8年，坦率地说，我曾经认为我们永远不会离开那里。我和妻子爱我们共同的家、邻居和朋友。我们的家人也住在这个地区。丹尼尔从小学四年级到大学都是在那所房子里长大的。在此之前，我的职业生涯都非常完美。

我被派到马萨诸塞州的斯普林菲尔德万豪酒店，是整个集团里最小的酒店。这是另一个品牌的酒店，但在几年前被万豪接管。它又小又旧，只有250个房间。这家酒店是归大众互助保险公司所有，该公司的总部设在斯普林菲尔德。

在我们搬到那里之前，我和普莉西拉周末去斯普林菲尔德看了下场地。当我们走进酒店时，普莉西拉对我说："李，你做了什么才让你到这种地方上班？你对那些在总部的人做了什么？"

我们俩所能做的就是一笑而过，但其实我的内心在隐隐作痛。别以为所有人的笑都是幸福的。

周末结束时我们回到了华盛顿。我的老板卡尔·基尔堡为我举办了一个很棒的告别派对，他说了很多关于我有多出色之类的话。你们都知道这是怎么回事。当你离开的时候，每个人都爱你。他说："李很出色，也是我们最好的领导人之一。在过去的几年里，他任劳任怨，为我们的成功做出了很大的贡献。"（我在想，"这就是为什么他们让我去斯普林菲尔德万豪酒店的原因吗？"）他没有这么说，但我还是这么想。我随后致了感谢辞，做得非常专业。我说我很高兴能有这个机会，并且非常感谢大家对我的支持，等等，诸如此类。至少现在，我已经学会了不要像之前那样不留后路。

顺便说一下，我相信在个人职业生涯碰到的种种困难应该有51%归咎于我自己。我不会把责任推给别人。我可以说，我并没有得到关于个人的领导行为的反馈或帮助，但生活中有些事情是需要自己去解决的。我们处在这样的时代，似乎每个人都想为自己的处境而责怪他人，或者因为某件事而起诉别人。然而，很多时候，我们要对自己的处境负责。

人们想要责怪政府、天气、他们的老板、妻子、丈夫、母亲、父亲、姐妹、基因组成等，可是似乎没有人愿意责怪自己，而这正是大多数原因的真正所在。

我和普莉西拉随后商量决定，由我先去斯普林菲尔德，她会在周末去看我，三个月后再搬来。当时她有很多事情要处理，她在为一个需要她的朋友工作。丹和帕特·佩特是我们在华盛顿最好和最值得信赖的朋友。帕特几年前因癌症去世了，但我们仍旧要确保我们能见到丹，并且每年花时间去看他几次。

有一件事我似乎很擅长，那就是搬家那天不在。普莉西拉曾经抱怨说我是故意的。我们搬了很多地方，我似乎总是刚好在搬家那天有一个重要的会议。"这不是我的错。"我总是笑着告诉她。

一切很顺利，我搬进了斯普林菲尔德万豪酒店，在那里住了三个月。当你的饮食起居都安排在酒店时，你很快就能学到很多东西。实际上，如果你不住在那里，你永远不会学到这些经验。例如，我发现热水要花10分钟才能在早上5点到达酒店的14层，我的房间就在那里。因为我的工程主管不相信我，所以我每天都写热水时间记录。有一天我爬到天花板上，发现一条循环系统关闭了阀门，他才开始相信我。我只是想知道这件事持续了多久，有多少客人受到这个问题的困扰，我们给出了多少补偿。对我的工程主管来说，这是离职的开始。哪里有烟，哪里就有火。

我随即带上记事簿，写下了所有关于酒店里我能想到的和我想知道的一切。第一个月的每一天，我都会和部门主管见面，并向他们提出我的问题。如果他们知道答案，他们就告诉我。倘若他们不知道，他们会在第二天告诉我或者尽快找到答案。我告诉他们，不知道答案是可以的，但不要胡编答案蒙骗我。

我多年前收到的一些建议是，当你在一个新的岗位上工作时，要在头30天内抽出时间，写下你所看到的似乎是错误的或者需要改进的东西，然后花时间去解决这些问题。在一两个月后，你看问题就再也没有你刚来时那么准确了。我想知道的是：

- 我们的维修预算是多少？
- 每年的电费是多少？
- 每年的水费是多少？
- 每个部门有多少人工作，他们的职责是什么？
- 食品成本是多少？
- 这家酒店去年的利润是多少？
- 与员工事故相关的成本是多少？
- 事故频率是多少？

这一过程加快了我的速度，它使我在每天处理问题和在酒店周围视察时更善于观察。

我亲自批准并签署所有部门的发票，这样我就可以熟悉我们购买的东西和每件物品的成本。这是一件大有成效的事，而且给我提供了丰富的信息。如果你控制了支出，那么你就控制了利润。

很简单，举例说吧，当西红柿变得太贵时，我就叫厨师做沙拉时不要用西红柿，直到价格降下来为止。在20世纪80年代，当麦当劳推出一个带有西红柿的汉堡时，西红柿的价格一度飙升。顺便说一句，你每天早上都要从读报中学到这些东西。

当我看到成本时，我告诉酒店工程师不要再使用那几个外部服务，我让他为我找到了一个降低成本的解决方案。当你看到你所购买的不同的东西的成本和数量时，你会惊讶于它触发了你的思维。回顾一下你工作中接触到的每一张发票，你就会对你所学到的东西感到惊讶。

在第一个星期，我四处走动，询问每个部门的负责人，他们最想为他们的部门争取的是什么东西。

· 客房部服务员告诉我，他们想在大厅里铺上一块新地毯，因为那里的地毯很寒碜。

· 宴会工作人员告诉我，他们的衣帽间需要更多的衣架。我立即派了一个人去商店购买，然后让他把票据拿给我报销。

· 餐厅的团队告诉我，他们需要更多的银质餐具，他们需要扩展菜单，需要更多的新鲜鱼肉菜肴。然后，我们在当天就订购了餐具，并在下个星期一加了两道鲜鱼特色菜。

有一次，这家酒店的业主——大众互助保险公司的老板告诉我，他们讨厌大厅里旋转门上的塑料花。我当天晚上就把它们移走了。

我是为每个部门做这些事。我想向每个部门展示一下，让他们做他们的工作所需要的东西。

把新地毯铺在大厅里，让我和员工觉得酒店焕然一新了。你可能会以为我已经翻修了整个酒店。当他们要求买非常大或太贵的东西时，我给他们答复说我们什么时候可以做到，或者告诉他们为什么我们现在做不到。告诉人们"为什么"真的很重要。通过这样做，我赢得了很多的信任，并迅速赢得了员工的支持。在我职业生涯的这个阶段，我学会了提问、多听、少说、快速行动。

我积极参加斯普林菲尔德旅游局的会议，此外，每周五都会去一趟扶轮国际社①。我是该地区商会董事会的成员。我和市长、当地的国会议员以及酒店的业主大众互助保险公司的老板建立了良好的关系。我们的酒店在市中心，因此这些关系非常重要。我以前从来没有在社区参与过这些，所以在这样一个无处藏身的小区里担任这样一个角色，让我有很多很好的学习机会。你必须加入并参与其中。参与到你的社区中去吧!

与此同时，普莉西拉参加了一个扫盲计划。一旦她教会了她的学生读写，她就要我招揽他们。"一份工作能让人建立自信和自尊。"她告诉我，她一直给我施加压力，让我为这些有进取心的人找一个安身之处。

她的其中一个学生是个从未出过远门的女人，因为她根本找不到回家的路。而当有一天，她的孩子让她做饼干时，她无法看懂食谱，于是她就报名参加了普莉西拉的扫盲课程。此外，这名妇女还想在孩子们睡觉前给他们读个故事。接着她拿到了驾照，找到了工作，她的生活得到了极大的改善。她能说英语和西班牙语，但她却不认识这两种文字。直到她报名了普莉西拉的课程后，她才学会了识字。社区希望我们夫妻都能参与其中，而我们也确实参与了。教别人读书会带来巨大的满足感，普莉西拉甚至因为她的工作而获得了州长的奖励。

我的办公室位于酒店四楼，位于销售部和市场部的后

①在全世界两百多个国家和地区有三万多个分社，主要由商界人士组成。

面。然后，我立刻叫人在大厅的前台后为我建了一间办公室，门正好通向前台。我告诉前台的工作人员，如果他们需要我来处理客人的情况时可随时叫我，因为我绝不想让他们对客人无礼。我让那扇可以从办公室到收银台的门在大部分时间都是开着的，所以他们知道我是认真的。如此一来，我就能听到他们是怎样和客人交谈的。

我在前台的尽头建了一个杂物柜台，这样客人们就可以一天24小时都能买到他们所需的东西，比如药品、衬衫、领带、杂志、报纸和诸如此类的东西。在我旅行的那些年里，每当我有需求想买什么东西时，酒店的商店却关门了，这一点是很令人讨厌的。前台小组负责照看这个区域。尽管这在如今的酒店很常见，但那时还没有。

我有一位常驻经理（在酒店里担任二号位置），她是多琳·罗宾逊。和我一样，她也没来几天，因此夜班是个大问题。

大多数客人是在下午4点以后到，所以我需要一个成熟稳重、经验丰富的夜班领导。商务酒店在上午9点到下午5点之间没有太多的问题，因为客人在早上7点到9点之间退房，在下午4点到晚上8点之间到达。也就是说，我要确保在正确的时间有正确的领导。因此，这就是我早上6点钟赶来上班的原因，那时我的客人还没有醒。

我告诉多琳，她必须从下午3点开始工作，直到午夜1点。我是白天的总经理，她是晚上的总经理。我不确定她是否欣赏我在这个问题上所展现的幽默性。她的整个职业生涯都是在白天工作，所以我不确定她是否对此满意，但她做得很好，酒店夜班的问题马上就解决了。她是个专业性很强的人。

我的日程安排很常规。我相信，应该从日常生活中获得一致性和在行动中建立问责制。我得承认，例行公事可能会很无聊。20世纪的管理大师彼得·德鲁克曾说过："从事管理是无聊的。如果你想要刺激，就当一名赛车手。"

我每天早上6点来上班。首先，我会检查酒店所有的三部公共电梯，以确保它们是干净的，然后检查大厅和车道的卫生。我甚至会检查位于拐角处的蓝色美国邮局信箱是否干净。马里奥特先生曾经告诉我，如果这些邮箱在酒店附近，就让它们保持干净。

早晨在电梯里或车道上看到的东西有时会让你诧异，这些通常都是你不想让客人看到的东西。然后，我乘电梯到十四楼，每层楼都要检查一遍，以确保走廊里没有放着前一晚的脏盘子以及那些客房服务剩下来的托盘或桌子（我讨厌这样）。你是否曾在早上6点的酒店走廊上看到过托着一块上等排骨的盘子，那是在12小时前就送给客人的？这可不是什么好景象。

我还想确保快递和报纸准时送到，而且地板和楼梯间都是干净的。当我刚开始做这个工作的时候，我会在大厅里发现很多托盘。在我向客房服务工作人员解释了我对他们的期望之后，很快，我就没有在早上的大厅里看到托盘或客房服务桌了。我想，服务员一定是在午夜和早上5点45分左右我到那里之前做了检查。他们知道我每天都会检查。当你是一个很好的榜样，并设定了很高的期望值时，效果就会变得十分神奇，尤其是当你亲自检查时。如同那句话所说："检查你所期望的。"

我一路检查，直到四楼，在早上6点15分到达办公室。所有宴会、会议室和厨房都在这一楼层。当宴会小组准备早餐和会议时，我会在四楼溜一圈，前后都检查一遍，查看前一天晚上的物品是否都被收起来或锁起来了。我检查所有的储藏室，然后走到厨房，看看我们的员工状态是否良好，是否按时准备好早餐。我在每一个冷藏室里都查看检查，以确保所有的食物都没有过期并且准备充足，除此之外，我还要检查第三个轮班小组是否打扫干净。我注意安全问题，并询问员工是否知晓。我每天都要对所有部门进行检查，也向我的员工致谢，表扬他们做得很好，并告诉他们我将在当天晚些时候再来见到他们。

然后，我会检查员工自助餐厅和员工更衣室的清洁度。我希望更衣室看起来很好，这样当员工们到达工作岗位时，他们就会有干净的、维护良好的更衣室来做准备工作。我想要淋浴室和房间足够干净，这样我才愿意使用它们。我记得当我还是一线员工时，更衣室、淋浴室和厕所的环境经常令人恶心。现在，我有权力解决这种问题了。我还会检查每个公共卫生间，包括女士洗手间，因为通常没有客人那么早上卫生间。

在此之后，我会下到大厅，再次检查车道和大厅的状况，因为我们的客人很快就会来吃早餐和结账。

在商务酒店里，客人一般很早就会离开。一位在早上9点才姗姗来迟的总经理永远也见不到他的客人。我学会了不同的职位需要不同的工作时间表。

然后我去餐厅，以确保早餐的准备工作顺利进行。现在已经是早上6点45分。然后我会检查客房服务，到地下室去检查收货码头和垃圾箱的清洁和安全。然后，我将与早上的维护小组进行核实，看看我们有什么问题。到了早上7点，我带着一整天的笔记去办公室，准备和我的执行委员会一起看。他们知道，在24小时内，我将再次按这条路线检查，如果他们的部门有任何问题，他们需要在我发现之前完成他们的任务。安全问题总是要在第一时间得到解决的。

从早上7点30分到8点30分，我再次走到宴会厅，向每一位会议策划人致意，并在他们需要的时候给予帮助。我会检查几次餐厅，在大厅里闲逛，与客人交谈，并帮助员工解决可能出现的困难问题。早上9点之前，我没有安排任何会议，因为我想和我的员工、客人们在一起。

从上午11点到中午，我又会巡查一趟。从下午3点到下午4点，我去健身俱乐部锻炼，下午4点到5点检查房间，然后下午5点到6点，我又开始晚上的例行检查，之后我就会下班离开。除非酒店里有重要的活动，我一般都会在下午6点10分到家。但有时我刚到家，就又不得不回去参加那些活动。住在离工作地点很近的地方使这成为可能。这样，我每天都能见到在三班轮班中的每一位员工，每个人都知道我是谁，我想要什么。第三班的清洁工告诉我，他在那里待了10年，我是他见过的第一位总经理，这样的事他从未见过。

我在每个部门都实施了核对表系统，并在四处走动时检查它们是否符合要求。我还利用这些举措来让员工们知道正确的做事方法。小到从如何安全地用刀切开柠檬、怎样正确地举起重物，大到下次如何更好地应对客人的情况，等等。

我在大厅里放置了一张桌子和一部电话，就在办理入住手续的前台前面，此外还有一个名牌，上面写着总经理李·科克雷尔。我每天会坐在那里工作几个小时，这样客人就可以和我交谈，工作人员在迎来送往之时看到我，这让他们对我五体投地。你做一些事情是有效果的，我的员工知道我对他们的表现是否优异真的很在意。

我亲自起草了一份使命宣言。我没有征求任何人的意见，也没有成立委员会来研究它。我把它简化了，这样就没人会忘记。"对客人友好，好到令他们难以置信"。

我告诉所有的员工，倘若他们愿意这样做，我将为他们提供完成工作所需的任何资源和培训。几年后，我还收到了一些这样的留言："李，别忘了对客人友好，好到令他们难以置信。"直到今天，如果你重回这家酒店，你会发现那些员工还秉承了这一点，并在实践中做到了这一点。当我在写我的第二本书《客户规则：提供优质服务的39条基本法则》（以下简称《客户规则》）时，13岁的孙女玛戈特告诉我，友善是最重要的服务标准。

每天下午4点到5点，我一般会抽查30个房间，开始我所谓的一分钟检查。其程序就是走进房间，看看它整体感觉、外观和气味如何。我会穿一条有口袋的小围裙，里面有肥皂、洗发水和一块抹布。

如果房间缺少一块肥皂，我就放上去；如果镜子上有斑点，我就擦干净。我在笔记簿上把这些记录下来，当我检查完成时，我就和打扫了那个房间的服务员讨论这个问题，然后和执行经理讨论。这样，我就可以每隔8到9天查看酒店的每个房间。我对经理说，我需要的是浴室里没有头发。倘若浴室里有头发，尤其不是你的头发会是个大问题。他们认为这很滑稽，但都会记住我说的话。每次我见到经理，我都会说："不能有头发。"过了一段时间，他们看到我，即使他们不会说英语，他们也会复述一句，"不能有头发"。我告诉他们，我可以忍受画框上有一点灰尘，但是不能忍受头发!

除此之外，我在每个房间都加了一个全尺寸熨衣板和一个熨斗，外加一个咖啡壶和一碟硬糖。我在梳妆台上放了一张纸条，上面写着："如果您需要什么，或者有什么问题，请告诉我"，我签了名——总经理李·科克雷尔。这就是我所说的，给自己施加压力，迫使你成为一名更好的管理者和领导者。

另外，我在所有餐厅的菜单上都贴了一张圆形的金色贴纸，上面写着："如果您有任何餐厅经理不能解决或不愿解决的问题，请随时打电话给我。接线员和餐厅经理都有我的家庭电话号码。"你知道我从来没有接到过电话。我在想为什么呢? 因为这些贴纸贴上菜单的那天，餐厅里的服务立刻得到了改善。

尽管我以前从未当过总经理，之所以能够做得如此出色，是因为我自己已经环游世界各地将近十年。我入住和离开酒店房间的次数比我想象的还要多。我曾住过世界上最好的酒店，并作为客人享受过最好的服务。我懂得从客人的角度来看，什么是重要的，而这正是我所关注的。因此，浴室里有没有头发是我最在意的。

- 我开了个全天候健身俱乐部/健身房，因为我的旅行经验告诉我，许多人需要早晚光顾那里。尽管现在很常见，但那时还没有。

- 我在前台的末端建了一个杂物柜台，这样客人们就可以一天24小时拿到他们需要的东西。尽管现在很常见，但那时还没有。

- 为了加快服务速度，我开通了快捷自助早餐，因为商务客人总是很匆忙。

- 我把咖啡放在房间里，因为这是商务旅行者生活中最重要的东西。尽管现在很常见，但那时还没有。

- 我把全尺寸的熨衣板和熨斗放在房间里，因为在那些微型熨衣板上熨烫真的很不方便，等待熨烫店送衣服来是件痛苦的事。尽管现在很常见，但在那时还没有。

我在所有客房门后的区域都张贴了告示，上面写着："安全提示：如果存在安全问题，而当值经理没有解决，或者您对工作环境的安全有任何顾虑，请随时打电话给我。接线员有我的家庭电话号码，他会帮您接通电话。总经理李·科克雷尔，分机号5434。"

然而，我没有接到任何电话。经理们学会了处理这些事情，并注意员工关注的问题、想法和建议。我提出了全方位的期望值和问责制。我非常关注安全问题，因为我第一年的奖金被扣就是由于频频发生的安全事故而造成的。

我们开始了一项早晨伸展计划，为酒店所有的客房经理量身打造，以缓解背部紧张。我们制定了一项规定，不允许客房经理独自打开床垫，并且确保他们喷洒化学物质时戴上眼罩。

在餐饮方面，我和行政主厨进行了一次愉快的坦诚交谈，我告诉他厨房的地板要保持干燥，他需要弄清楚如何才能做到这一点。此外，所有的食品准备工作人员在使用刀子时都必须戴上防护手套。我仔细检查每一个部门，并将这些程序和安全规则粘贴在适当的位置。因此，我的事故发生频率直线下降：

· 如果地板是干的，你就不会摔跤。

· 如果你戴上手套（包括管理人员以身作则），你就不会切到手。

· 如果你经常拉伸肌肉，你的背部会减少损伤，等等。

一旦发生了事故，当事人都要和他的经理来见我，解释原因。事故报告上的内容常常与员工告诉我的情况大不相同。我在寻找真正的原因，如此我才可以在操作指南和培训中加入这些内容，以避免再次发生同样的事情。我需要知道事故的真相。

我像朱迪法官一样盘问员工以了解真相。倘若有人因为一场事故而不来上班，我们会去他家里拜访他，并保持密切联系，使每个员工都知道我们关心他们，我们想念他们中的每一个人，并希望他回去工作。我经常在家里亲自给每位员工打电话，问候他的近况如何。

这家酒店太小了，我基本四处都能照看到。有一件事我很确定，那就是对酒店总经理而言重要的事对员工来说同样重要。我向你保证，总经理是任何组织中最重要的人，而不是职员。

这是我职业生涯中做过的最好的工作。我每天都能为客人和员工带来改变，不像在总部办公室里那样官僚主义。

我设立了一个由一线员工组成的咨询小组，每周四我都会与他们会面一个小时。他们来自各个部门。此外，我的人力资源部总监和维修部主任也会在场，因为员工提出的大部分问题都与这两个方面有关。

通常情况下，我的秘书安吉·罗会记下每个员工提出的问题和想法，从漏水需要修理的水龙头到设备短缺；从安全问题到坏了的吸尘器。我们每周都会把这份清单发给部门主管，希望他们能在下星期四之前解决这些问题。安吉非常有组织能力，总是及时帮我跟进一切。这里得出的是什么经验？如果你有秘书或行政助理，请确保他们有很强的行政管理能力。

每到下周四，我们会仔细检查每一项，看看是否完成了以上工作。每一项都按时间顺序编号，并留在名单上，直到解决为止。我们在所有的公告栏上都张贴了这份清单，以便员工们及时看到我重视他们的发言并把事情做好。我替他们扫除工作中的障碍，这样他们就可以发挥出最好的工作状态，这反过来也消除了客人的麻烦。

这是常规和程序的力量。我处理的问题越多，我的同事告诉我的就越多。我学到了员工参与工作的价值。我知道这会建立高度的信任感，这一过程确保了万无一失。

假如有人提出让你注意什么，而你却不跟进，你的可信度就会降至零。人们很容易相信，一个问题是一件小事，后续的行动不重要。然而，我学到的是，尽管这对我来说或许是一个小问题，但对于提请我注意的人来说，这往往是一个重大的问题。我想拥有来自每一名员工的100%信任。

我了解到，你必须与你的同事沟通，并让他们得知你为他们做了什么。如果我为我的团队做了什么，我会让他们知道。

记得那是我来到斯普林菲尔德的第一周，有一天，我走进大宴会厅，注意到其中一张餐桌的桌布上有一个香烟烫的洞。这是300位客人的午餐，几分钟后门就要打开了。我告诉宴会主管莎伦换桌布。她看着我，好像我疯了一样。她说："我把盐和胡椒粉撒在烧了的洞上。"我说："不，换掉它。"她说："但是我们就要开门了。"我说："那你最好快点。"她没有意识到我对宴会部门有多了解，因为那是我酒店生涯开始的地方。我想那天早上她觉得我是个疯子。10年后，我在迪士尼时收到了她的一封信。当然，我早就忘记了这件事。

她在给我的信中说，她想感谢我在斯普林菲尔德树立了这样一个卓越和关注细节的榜样。她向我讲述了香烟烫洞的故事，我的出现改变了她对管理职责、个人和职业标准的看法，她认为这是她今天如此成功的主要原因。

永远不要忘记，如果你想成为优秀的人，每件事情都很重要。细节决定成败，注重细节是优秀的代名词。所有的领导者都是从自己的经历、同事和上司的反馈中锻炼出来的。这就是莎伦那天所经历的。永远不要低估你对别人的影响。

天啊，我真喜欢听那些故事。这就是作为一名领导者给人带来的巨大满足感和回报。就像你的孩子告诉你，他们长大后是多么感激你抚养他们，尽管在这个过程中的某些时刻，他们对你作为父母来指导不怎么关心。

我经常做的一件事就是确保一线员工知道，当他们需要帮助的时候，哪怕客人的情况琐碎复杂，他们也应该先保持礼貌和专业，然后再找到我们，无论我们是否在开会。客人始终要排在第一位，支持一线的员工也是如此。我的政策是，假如客人有问题，并要求见经理，就不要告诉客人经理正在开会。与会议相比，客人重要得多。

在斯普林菲尔德酒店的一次重大翻修期间，我们不得不关闭大厅几个月，让客人在四楼的宴会厅登记入住。同时，餐厅也要关闭，我们将在宴会厅设立临时餐厅。我料到在这段时间会有一些客人感到不愉快。了解到这一点，我不想让前台的工作人员日复一日地应付客人，以致变得态度粗鲁和不专业，所以我确保我们有一张桌子放在临时前台旁边。从早上6点到9点，从下午4点到晚上8点，我们都会有一位经理在现场处理棘手的客人的问题。在其他时间，我也会派一名经理随时待命。而我自己经常是在那张桌子上值班的经理之一。

我给出的一条指令是，我们应该聘用那些曾经为迪士尼工作过的人。我们在这方面取得了巨大的成功，他们中的每个人都是出色的。我知道迪士尼的选拔过程非常严谨，他们的培训做得更出色。雇用来自像希尔顿、万豪、迪士尼、苹果、谷歌等广受尊敬的机构的员工会给你的职业生涯带来回报。

这个总经理的职位如此之好，因为它给了我一个机会去尝试我在过去几年学到的所有管理和领导的理念。它给了我在基层工作的经验，让我有机会更多地了解客人所需，因为他们中的很多人每周都和我们在一起。其中最棒的事情之一是，它给了我机会从而让我看到，我可以成为一个多么出色的领导者。

我了解到，作为领导，必须考虑和平衡客人的满意度，员工的态度、表现和士气以及商业成果，这是一项挑战。这与工作人员的角色截然不同，也更令人满意。

转眼间，到了1990年7月，我离开了斯普林菲尔德加入迪士尼。酒店团队特意为我举行了正式的欢送派对，这很不错。不过，真正令我感到高兴的是这些一线员工自发筹钱，租用了斯普林菲尔德的海外战争退伍军人大厅为我和普莉西拉又举办了一次聚会，并赠予我们俩非常漂亮的匾牌，上面刻着一些很美好的文字，诸如赞赏我们的领导力，为他们起到了榜样的作用以及友谊天长地久之类的祝福。

一线员工这样做了，你就明白自己是他们的伟大领袖。他们为我们花钱来举办这个聚会。这从来没有在我身上发生过，之后也再没有过。

从1988年到1990年间，我们家历经了许多困难。我的母亲被诊断出患有肺癌，四个月后和我的祖母一起去世了。出席葬礼后，普莉西拉的父亲恰巧在安纳波利斯从他的车里走出来时不慎被一辆车撞倒了。他在贝塞斯达海军医院住了几个月，与此同时，我弟弟也做了心脏搭桥手术。

我知道的一件事是，如果你吸烟，戒掉吧！我母亲总是说她不能戒烟。她多次试图戒烟，都未成功，直至医生告诉她，因为她得了肺癌的那天才成功戒除。然而，为时已晚。如果不是因为抽烟，她可能今天依然在世，她会认识三个曾孙，他们也会认识她。倘若你不愿为自己戒烟，那就为你的家人和朋友戒烟。不要让一小块包裹在植物周围的纸比你更强壮。

到1990年6月，我们家的每个人要么已经走了，要么身体正在恢复当中，因此我和普莉西拉准备做些新的事情。酒店经营得很好，我们完成了一项耗资1200万美元的翻修工程。我有一个很棒的团队。挑战结束了，我又无聊了。

与此同时，普莉西拉的生活质量也在提升。当我们搬到斯普林菲尔德时，我收到了一辆由公司分配的新车。我随即把以前公司的车买下来，把它给了妻子。这辆车是普莉西拉所有开过的车里最新的，尽管已经开了三年。在开了几年的大众车和她父亲给她的柠檬色的旧克莱斯勒后，她对这辆已经开了3年的汽车很满意。她认为这是全新的。

现在是1990年6月，我已经工作了25年（还有20多年的时光）。我正在完成我的第19份工作。到当年为止，我45岁了，婚龄22年，儿子丹尼尔正在波士顿大学读大三。

正如之前介绍的，我在1988年作为一名副总裁离开万豪公司总部，转而去斯普林菲尔德的一家小酒店当了总经理，这是我一生中最好的决定。在第七章，我会告诉你为什么。职业过山车正在移动并开始朝着最佳状态的方向行驶。这一次，我和普莉西拉因为有点紧张而笑了起来，但是我们对我们的下一次冒险感到非常激动和兴奋。这将是我们22年来的第9次搬迁！我想，到目前为止，我已经积累了700万美元的经验，而且它已经开始得到回报。我学到的各项经验真的如同银行里的钱，正在以其独特的方式带给我回报。"对你的客人友好，好到令他们难以置信"，你会得到丰厚的商业回报。

第七章

．
．
．

人生犹如过山车，
保持最佳状态向前冲

．
．
．

在相继经历了大学辍学、退伍、希尔顿工作、被解雇、晋升无望、万豪工作之后，我懂得了生活还会继续，退一步海阔天空。

几乎所有的人都能经受住乘坐"职业生涯过山车"的刺激，只要他们坐着，系好安全带，保持专业，保持积极，顺其自然，就尽情享受吧!当它停下来的时候，下车，将注意力集中在下一次的旅程中。换句话说，这就是生活!

那是1990年6月，我在斯普林菲尔德做总经理的时候，我真的很享受生活。这个酒店已经完全翻新了，内部运营良好。此外，我的团队也建设得越来越棒。我可以运筹帷幄，对酒店的决定中有99%是在没有和任何人商量的情况下做出的。或许我现在还不是副总裁，但我是斯普林菲尔德万豪酒店的"大人物"。相对于华盛顿区域副总裁这个职位来说，我还只是大池塘里的一条小鱼；但在斯普林菲尔德，我变身成了池中蛟龙。嗯，池塘里的生活很美好。

人们还想要什么?

有一天，电话铃响了。是迪士尼执行官桑杰·瓦尔马打来的。他负责筹建当时的欧洲迪士尼乐园，也就是现在的巴黎迪士尼乐园。几年前我和他在万豪工作过。他曾经在万豪向我汇报，然后我们就成了同行。几年前，他离开万豪，加入了迪士尼，现在他想让我去巴黎迪士尼工作，担任他的下属。

在你的职业生涯中，这将发生在你们中的许多人身上，所以，在晋升的路上，要尊重和善待每一个人，因为你永远不知道有一天谁会成为你的老板，很可能是许久以前你的下属，他们会记得真实的你。相较于你的同事和老板，下属通常对你有不同的看法。

桑杰提供给我的职位是欧洲迪士尼乐园的餐饮总监和质监主管。他告诉我，该项目定于1992年4月12日开业，还有两年的时间。

我在想："在成为总经理之前，我已经从事餐饮行业23年了。我为什么还要换这份工作？"

我很清楚他为什么请我去做这份工作。餐饮业是我最擅长的——这正是他所需要的！他需要一个能组织餐饮业务的人。他想找一个擅长组织大型项目的人，而这正是我擅长的。

斯普林菲尔德酒店的生意很好。我们花了1200万美元翻修这家拥有250间客房的酒店，现在看起来很不错。

万豪再次向我抛来了橄榄枝，不久他们就会给我一家更大的酒店让我经营。我的薪水很高，有一辆公司配备的车，一份令人满意的医疗保险，还有股票期权，家里离公司只有8分钟路程。丹尼尔离波士顿大学只有90分钟的路程，我们经常能在他的橄榄球比赛和其他时间看到他。目前为止，我的生活几乎是完美的。

这些都是福利。唯一的美中不足就是，因为酒店运行得太好了，我无聊得要死了。这里已经没有任何挑战了。当事情变得一团糟和有很多挑战的时候，我的工作状态会更好。

我似乎更适合在混乱的环境中成长。为什么我要放弃近乎完美的生活去追求一种高风险的生活，甚至仅仅因为无聊而考虑从另一家公司重新开始呢？这个问题的回答很简单：无聊和枯燥在精神上是痛苦的，随着时间的推移会影响你的表现和健康。

那天晚上我回家，告诉普莉西拉关于迪士尼邀请一事。我说："迪士尼在巴黎为我安排了一个欧洲迪士尼餐饮总监和质监主管的职位，他们希望我周二去奥兰多接受几位迪士尼高管的面试。你怎么看呢？"你可以看到我已经变得成熟了，正向普莉西拉征求意见，因为17年前在洛杉矶，我拒绝听从她的判断和建议，接受了兰卡斯特的工作，90天后我就迅速地被解雇了。

我以为她会说："不！李，这里的一切都很好，为什么要冒险呢？你在万豪已经待了17年，我们生活得很美好。"

可是她说："好的，去吧！"她的轻描淡写令我感到十分震惊，说道："为什么？"我永远不会忘记她的原话，她告诉我："李，我们即将要住在巴黎，这可是迪士尼，他们会给你不菲的酬劳。如果你不这样做，五年后你会后悔的！"

我赶紧答道："好吧。"就这样，我们在五分钟内就做出了决定。第二天早上，我预订了飞往奥兰多的机票，接受了面试，并达成了协议。

这是我第一次去奥兰多迪士尼。不知怎的，我们从来没有带丹尼尔来过奥兰多迪士尼。只不过，孩子最终还是原谅了我们。我在洛杉矶希尔顿酒店工作时，我和妻子确实带他去了阿纳海姆的迪士尼乐园。迪士尼乐园非常有趣，但他只有两岁。自那次以后，接下来的几次我们把他留给保姆，只有我和普莉西拉去了。我们没告诉他我们要去哪里。

回想起来，我去迪士尼的事情是多么有趣。1989年6月，也就是一年前，丹尼尔打电话给我，那时我在斯普林菲尔德工作。他正在参加华特迪士尼世界大学生夏令营活动，在迪士尼当代度假村的前台工作。他说："嗨，爸爸。我有个坏消息要告诉你。迪士尼比万豪好！"他在波士顿大学读大一的时候，曾在万豪酒店实习过一年。我说："你为什么这么说？"他答道："因为这里的训练真的很棒，比万豪的培训要好得多。"

这句话令我感到惊讶，因为我认为万豪在培训员工方面的工作已经做得够好了，但受过这两家公司培训的人却说迪士尼的培训更好。这里的经验是，你永远没有自己所想象的那么好。没有最好，只有更好。向别人学习永远不会太晚，变得更好也永远不会太晚。

我原计划在周四与我的老板和其他几位万豪总经理参加万豪区域管理会议，而此刻却在奥兰多参加面试。周二下午，我接到秘书的电话。她告诉我，我们预定在星期四开会的波士顿万豪酒店遭遇了一场大火，会议将改在斯普林菲尔德酒店举行，我需要马上回去和工作人员一起解决所有的后勤问题。

当天晚上，我就登上了回斯普林菲尔德的飞机。会议于周四上午开始。我打电话给我的老板科林·纳多，告诉他在会议开始前我需要和他喝杯咖啡。我们见面后，我提出了辞职。我需要这样做，因为我知道我要离开，因此我无法参加一个为期三天的会议。我想亲自告诉他，而不是让他通过小道消息才知道。他是我的好领导，我非常尊敬他。

与此同时我也会想："我做了什么？我为什么老是做这样的事？我不会说法语，也从未在欧洲生活过。我为什么要冒这些险？"此外，我还产生了很多其他的想法。接下来，我几个晚上都没有睡好，因为我要开始着手处理即将要做的事情。

这是斯普林菲尔德万豪酒店多年来最大的新闻，犹如我是第一批的宇航员之一，将要乘坐第一枚火箭去月球一般轰动。我去迪士尼的消息成了斯普林菲尔德店的头版头条。这里的经验是，永远不要忘记迪士尼这个名字在世界上有多么响亮，它是多么的受人尊敬，因为它是最棒的。不是我引起了大家的兴趣，而是我要去的地方是迪士尼。假使我要去的是另一家酒店公司，它会出现在万豪内部业务板块的第四页，而不是头版。

那几日，我的睡眠质量很不好，但普莉西拉睡得像个婴儿。自打我从万豪辞职后，她就像无忧无虑一般。她梦想住在巴黎，这是她多年前的梦想。当然，我也睡得像个婴儿——那是因为我每隔两个小时就醒来哭一次。

我忘了提前告诉你们，1966年我第一次见到普莉西拉并想和她约会的时候，她19岁，是华盛顿希尔顿酒店餐饮部主管的秘书。当时我21岁，在隔壁的餐饮管理办公室当文员。她经常来我的办公室用我们的卷笔刀，因为那个卷笔刀被固定在金属文件柜上。

我终于向她表白了，她说："不！"完全没有留余地和

希望给我。她告诉我，她有一个法国男友并且彼此计划未来
住在法国，让她的孩子们说法语和英语。

24年后，在1990年，这一切都成真了，但她是和我在一
起，而不是和当时的男朋友。我喜欢这个故事。如今，我们
家里的每个人都会说法语，除了我。

然后当时，在等待了几个星期后，我对普莉西拉说：
"普莉西拉，我们早点去吃顿日光早餐好吗？"她说：
"不。"我以为日光这个词会卸下她的心防，但这并没有改
变她的想法。

又过了几个月，我说："普莉西拉，出去喝一杯怎么
样？"她说，"不。"这个女人让我心烦意乱，因为我不习
惯别人对我说"不"。

大约一年过去了，有一天我说："普莉西拉，一起
吃顿午饭怎么样？我只是想和你吃顿饭，没有别的条件，
就吃午饭。毕竟我们就在隔壁工作。一顿丰盛的午餐有什么
害处？"

她的答复是，她认为我的态度不好，她知道我想要的不
仅仅是午餐。接着，她又回给我一个大大的"不"字。我必
须承认，我当时真的以为自己要失败了，因为她甚至从来没
有说过"也许"这个词。稍后你会发现"也许"可能意味着
"好的"。

就这样，我不停地约她。有一天，她终于同意和我去吃
午饭了。这对她的法国男友来说是结束的开始。我和她的法
国男友从一开始的竞争就是不公平的，因为他是法国人，还
有一辆红色跑车给她开。

我有一辆1963年产的红色庞蒂克敞篷车，外观配有白色皮革的装饰，这是我母亲送给我的。车子不错，但是和他那辆红色的小跑车相比还是差远了。我随后在邦纳维尔换了一辆新的绿色双座卡曼吉亚汽车（由大众汽车制造）。它看起来像一辆跑车，但没有普莉西拉男友的车好看，力量也差一点，不过这是我唯一能买得起的。我以4%的利息贷款买了那辆汽车，并为它支付了2000美元。通货膨胀是真实的。

截至目前，我和普莉西拉在法国总共住了三年，时间从1990年到1993年。儿子丹尼尔也娶了一个法国女人，名叫瓦莱丽。此外，我们的孙子们都会说法语，因此一切都很顺利。正如普莉西拉在1966年所期盼的那样，她将住在法国，她的孩子们会说法语和英语。

现在你知道当我问她，"我们是否应该接受巴黎迪士尼的工作"时，普莉西拉为什么会这么快地回复我了吗？剩下的故事你也知道了，生活在巴黎对她来说是梦想成真了。

或许，你此刻在想或者在对朋友或同事说："李为什么告诉我们他对普莉西拉的追求？这与职业发展有什么关系？"它与职业发展的关系和与生活的联系是一样的：如果你想要什么，不要接受"不"的回答。记住，我还可以约她吃早餐、午餐、去教堂，还有很多其他我可以约她出去的事情，她还没有说"不"。耐心固然是一种美德，但往往是坚持让你得到你想要的东西。

我有一个朋友名叫本·梅，是个真正的推销员。他说，当客户说"不"的时候，挑战就开始了。"不"并不总是意味着"不"！有时候，它意味着现在不行。我认为太多的人在遇到阻力的时候太早放弃他们想要的东西。不要把障碍物当回事，其实你可以绕道而行。绕道要花点时间，但你仍然能够到达目的地。

话说回来，我们随后把斯普林菲尔德的房子拿到市场上出售。售房市场很糟糕，我们几乎没遇到潜在的买主。我打电话给即将接替我担任总经理的人，告诉他我想他会喜欢我的房子。

他和他的妻子过来看了房，接着告诉我，他们觉得里面太黑了，两个人想要一间更加敞亮的房子。那是一个阴天，他们来的时候屋子里一片漆黑。我说服他和他的妻子在阳光明媚的时候再来一次，我把家里的灯都打开。他们看了之后表示十分喜欢，但买不起。

现在我们谈论的是1990年6月新英格兰地区低迷的房产交易市场。当然，两年前我们买房子的时候正值牛市，看上去我们似乎喜欢买高卖低。

我问下任总经理能支付多少钱，他随即告诉我他们可以负担的额度。我说："这正是我需要的价格。"我们在那所房子里只住了两年，损失了18 000美元，但我的理论是减少损失，继续前进。两年后，那套房又跌了20 000美元。俗话说："躲过了风暴又遭了雨。"

在那之前，我不认识任何只有用支票才能结账的人，反正没有人会承认的。经常搬家和买房可能对自身来说是一种很大的反福利。换作现在，我更愿意租房子。

我接受了迪士尼的工作，薪水甚至比我作为斯普林菲尔德万豪酒店总经理的薪水低得多。但我认为，像这样的冒

险是有价值的，如果我因为几千美元的问题拒绝这份工作的
话，普莉西拉可能会宰了我。除此之外，我其实还有其他一
些额外的津贴来弥补基本工资的损失。这是一个公平的交
易，因为福利和反福利是平衡的！另外，我可以协商更多的
股票期权来代替更高的薪水，这也很好。

1990年7月8日，我前往迪士尼进行为期六周的培训，在
这之前我已和我的继任者在斯普林菲尔德完成了为期30天的
工作交接。这对工作交接来说时间太长了，但我与社区和员
工之间的关系非常好，以至于我的老板要我待那么久。几周
后，新的总经理想让我离开，我自己也想离开了。在过去的
30天里，我表现出对斯普林菲尔德的工作很感兴趣，但那纯
粹是演戏。我的心思都在迪士尼，我已经准备好去巴黎了。

我在奥兰多进行了一场旋风式的训练。六周后，我觉得
天旋地转。哪怕做梦时，我都在想曲线、计算机断层扫描，
还有其他上百万个术语，我不知道华特迪士尼世界度假区的
这些人在说什么。我面临的最大挑战是尝试从一个点到另一
点，求见所有培训我的人，每个人的办公场所都不固定。当
时我觉得这很奇怪，没有人能向你解释华特迪士尼世界度假
区的工作是如何运作的。你必须在那里工作很长一段时间
才能弄清楚这一切，但有一件事是肯定的，这种模式肯定有
用！许多部门的办公地点都在临时搭建的活动房屋里，因为
度假区扩张得太快了，以至于建设办公室的速度跟不上。

我记得有些人是怎么推测出最奇怪的事情的。在我
训练的时候，有一天我和一个人交谈，在课程结束时，她
说："李，你的英语很好。"我说："谢谢。"我不想对她

说："我希望如此，因为我是美国人，这是我唯一会说的语言。"我想她认为我既然要去欧洲迪士尼，我一定是法国人。我觉得这很滑稽！这里的教训是，不要轻易做假设。

奥兰多的7月和8月正逢雨季，几乎每天下午都下雨，这令我简直不敢相信。我希望这很快就能恢复，因为每隔几年我们就会遭遇旱灾。如果在我们出生的时候，就有一本指导手册伴随我们，把我们生命中将要发生的事情准确地列出来，直到我们将要死去的那一天，这会不会很有趣？

我倒不认为这一体系会让事情变得更加有条理，但生活若不激动人心，而且要沿着剧本走下去会很令人沮丧。许多人取得的成就远远超过他们认为自己所能做到的，依靠的仅是纯粹的决心。不要限制你的梦想，也不要让别人告诉你，你能做什么或不能做什么。书写你自己的剧本，让它充满对你自己的期望。

1990年8月3日，普莉西拉从斯普林菲尔德飞到奥兰多庆祝我们的结婚22周年纪念日，我们在艾波卡特的法国厨师餐厅用餐。第二周，我就为欧洲迪士尼聘请了那家餐厅的厨师。法国厨师餐厅刚刚在我们的家族史上又添了一个篇章。2014年夏天，我们的孙子朱利安在那里当服务员，他很喜欢这个工作。他出生在巴黎，能说一口流利的法语，所以他是被雇用的最佳人选。我真的相信每个人都应该在一生中的某个时候去做服务生或女招待，这段经历会教给你很多东西。我在几个地方做过服务生，丹尼尔曾经是马里兰州海洋城的菲利普"螃蟹之家"的服务生，现在朱利安也是服务生。等玛戈特和特里斯坦再大点也要去当服务生。这个职位能教你如何组织工作、快速行动、在压力下保持镇静以及如何与各种各样的人打交道。

我在9月初飞往巴黎，或多或少地接受了"迪士尼式"的训练。太难了——我告诉你！我的头现在还在晕。

我是星期天早上到达巴黎的。本来，我应该在戴高乐机场被欧洲迪士尼公司的副总裁接走。

我对法国并不完全陌生，因为多年来我们经常和朋友苏西和阿兰·皮亚拉一起去法国旅游，所以我并不会对这个国家或这里的文化感到不舒服或不了解。我要给你讲一个关于我过去在法国的一个小经历，然后再告诉你那个周日早上在机场接机的后续。

以前我们去法国的时候，我和普莉西拉一起，她会说法语。实际上，有一年我们夏天去了法国，于6月21日抵达，随后参加了一个法国音乐节，整个音乐节持续了一整晚，通宵达旦。从屋顶到人行道，数百个音乐团体在法国各地演奏。这是一次相当"神奇"的经历。由于我们的朋友阿兰和苏西那年没法去巴黎，因此安排我们和阿兰的父亲帕斯卡住在其位于巴黎左岸的拉丁区的公寓里。和帕斯卡在一起是一种享受，他带我们参观了巴黎最好的地方。此外，帕斯卡总是用上好的佳肴招待我们并且给我们买了特别的酒，不让我们喝他所谓的普通酒。一天晚上，他甚至买了一罐玉米放在沙拉里，因为他听说所有美国人都喜欢玉米。在当时的法国，玉米只是用来喂养农场动物的饲料。帕斯卡每天都会出去买一份早上的法式长面包作为午餐，然后又出去买一份下午的新鲜面包作为晚餐。对于法国人而言，美食是一件大事，也是一件很重要的事情，我很高兴，因为我们是赢家。

50年前，帕斯卡和另外两位绅士一起上过酒店学校，他们都在勃艮第葡萄酒产区的第戎拥有一家酒店。当然，这也是让第戎芥末出名的地方。一天早晨，帕斯卡和他的朋友们，包括我们一家，一道开车去了一趟第戎，在他的老朋友开的饭店里吃午饭。

那次聚会一共有12人。饭后，他们推出了一辆奶酪手推车，车上至少摆着40种不同的奶酪。这已经远远超出了我们在俄克拉荷马州食用基本的美式软奶酪、瑞士干酪、切达奶酪和其他美国乳酪的范围。甚至在我离开很久后，俄克拉荷马州才有了布里奶酪。即便如此，美国人仍旧习惯把它放在烤箱里加热，并把它当作开胃小菜。在一个古色古香的村庄于一家漂亮的酒店餐厅里吃上一顿丰盛的午餐，着实令人难忘。普莉西拉如同到了天堂一般雀跃，因为她喜欢所有的奶酪。

午饭后，我们一起驱车前往勃艮第葡萄酒之乡，顺道在几个葡萄园停了下来，一行人与当地业主交谈甚欢。几站后，我们仍然没有品尝到任何葡萄酒，我也不知道到底发生了什么，因为我一点也不懂法语。有一站，酒窖里的一位女士会说英语。我问她，勃艮第最近最好的葡萄酒是什么？她告诉我，1976年到1978年产的是一流的，是几年来最好的。这一小部分信息可以在一小时内挽救我的生命或者至少是我的自尊，这再次证明了提问的价值。

我们一行人随后去了下一个葡萄园，因为它们一个个都挨着，绵延几公里。葡萄园很窄，都是坡地。这绝对是一个美丽的地方。接着，我们到达下一个葡萄园。下车时，一个皮肤黝黑、面容英俊的法国人接待了我们。我们花了3到4分钟的时间完成一系列见面礼节。如果你是一个普通的朋友，他们就会在你的两边脸颊各亲吻一次，你也必须亲吻其他人的脸颊；倘若你是一个非常特别的朋友，那么每个人的吻就会变成一边三次。我认为还有吻四下的，但我从来没研究过那是什么意思。我喜欢这个传统，我们家族也采用了这一传统，因为我们也能宣称自己是法国人的亲属了。

这个葡萄园的主人做的第一件事就是询问我们的儿子丹尼尔想喝什么，他当然回答是可乐。不过，他们没有可口可乐，但却为他提供了百事可乐。丹尼尔为此很高兴。当你12岁的时候，你不需要太多的东西就能让自己快乐。当天早些时候，丹尼尔已经熬过了一顿法国午餐。那里没有儿童菜单，因此他没吃到通心粉和奶酪、热狗或鸡爪。一直到几年后，麦当劳才来到法国。在麦当劳来到法国之前的几年里，这些都是孩子的最爱。今天，法国的大多数孩子都想去麦当劳，就像在美国一样。

我们随后走进了一个小酒窖，地板上铺着砾石，房间里堆放着几桶非常大的装酒用的木桶。酒窖很黑，只有一个灯泡挂在天花板上。大家都在聊天，玩得很开心。主人让我们每个人尝一口在大木桶里发酵的葡萄酒，看看它的进展情况。法国人一直在聊天，时不时爆发出阵阵笑声。当然，我完全不知道他们在说什么。我一分钟后才得知，他们告诉园主我是一名美国的酒店经理，也是一位餐饮行家。

园主随即用法语对大家说了几句话，他们脸上带着半严肃的笑容凝视我。我问帕斯卡："他说了什么？"他回答："招待我们的人说：'那么让我们看看美国的酒店经理对葡萄酒了解多少。'"那一刻，我真恨不得找个洞钻进去。但我没有，我报之以微笑，装作若无其事。

园主即刻走到我们身后，拿出几个勃艮第葡萄酒杯，那是我见过的最大的红酒杯。它们每一个看起来都像是能装下一瓶或两瓶葡萄酒。然后他转过身，拿出了一瓶满是灰尘的勃艮第葡萄酒。顺便说一下，法国也有白色的葡萄酒。园主小心翼翼地摆弄着瓶子，像对待新生的婴儿一样温柔。他擦干净后再取下瓶塞打开。然后，他看着我，带着一种邪魅般的坏笑。当然，我可能判断错误，因为我正处于神经衰弱之中。那一刻，我听到自己"怦怦"的心跳声，很高兴他们听不到。

你瞧，我的家人都在看着我。天哪，我即将在九名法国人面前丢脸，他们在读一年级的时候对葡萄酒的了解就比我现在还多。最糟糕的是，我儿子会看到我在这些人面前丢脸，因为他以为我什么都知道。普莉西拉倒没有让我很烦恼，因为她知道我并不是无所不知。

那名园主轻轻地把两盎司的酒倒在一只大玻璃杯里，递给了我。我拿着酒杯，把它举到灯光下，旋转了大约15秒，看它是否很重，表现得好像我在仔细研究它似的。酒像波浪一样从玻璃杯上滑了下来。这叫作"丝状黏质"。这是我十年前在华尔道夫阿斯托里亚酒店的葡萄酒课上学到的。葡萄酒在玻璃杯上流动得越慢，酒体就越重。我随即说道："黏度不错。"我们的法国朋友翻译过来，所有旁观者的脸上都立刻闪现出一丝尊重。接着，我把酒杯凑到鼻子前，继续旋转以便检查香味，在场的人无一例外都非常安静。"闻起来不错"，我说，"很好闻。"

我花了很长时间，又看了看那瓶酒，然后轻轻地抿了一小口，就像我们在课堂上学到的那样，把它吸到我的舌头上。我抬起头来，让酒在嘴里打转，好像在琢磨这瓶酒是什么年份所产。当然，我不知道，但我懂得这是好酒。我原来学过如何分辨好的葡萄酒和普通的葡萄酒，而且通过处理葡萄酒的方式，我确信，这名园主并没有给我上一般的东西。

我又花了几秒钟，再尝了一口，然后说："这是78年的勃艮第葡萄酒，不，等等，这是76年的。"园主立刻兴奋地喊道："哇!"意思是"你懂的"。一瞬间，房间里的每个人都与我握手和亲吻来祝贺我。我看到了丹尼尔一脸骄傲和普莉西拉难以置信的表情。我做到了，是一个很准确的猜测!

直到三周后我们回家，我才告诉普莉西拉和丹尼尔真相，因为我很享受这种新名声带来的感觉。我告诉他们，这不过是一个很好的估算，我又是如何利用那位女士给我的关于最近最好的葡萄酒的信息。那是经过精心计算的猜测，我想可以这么说。

这件事给我儿子留下了深刻的印象：在12年级的时候，他写了一篇文章，关于他父亲如何拯救了美国人在法国人面前的自尊。在这篇文章的开头，他指出大多数法国人认为美国人只知道麦当劳和可口可乐，而他的父亲在法国勃艮第阳光明媚的一天用自己的实际行动证明了他们是错的。在他的文章中，我成为一名美国英雄。

我了解到，如果你在关键时刻能够保持冷静，沉着应对，那么你就能猜出真相——或者通过慢慢提问来推敲，从而接近真相。如果我坚持自己1978年的第一次猜测，他们一定会印象深刻。据我所知，那是一瓶1878年或1962年的葡萄酒，与我在酒窖里交谈过的那位女士告诉我那是最好的葡萄酒。真正的经验是，当你提出问题，然后花时间倾听别人的意见，尊重他们的想法和观点时，这些学习可以成为通向成功的跳板。

我以前的法国之旅和多年来的经验，比如这次品酒，都让我大大改变了之前舒适惬意的节奏。例如周日早上抵达机场时就有了变化，因为奥兰多的人事部把我的航班号和照片传真给了负责接我的人。

你知道传真照片是什么样子的吗？它看起来就像一团灰色和黑白色混合的斑点。它或许是你能想象到的任何东西的图片，因此那个接我的人根本找不到我。最后我们终于碰面了，他把我送到我的临时公寓。普莉西拉两周后才来，所以只有我孤身一人。

接我的人给了我公司车的钥匙和第二天早上去办公室的地图之后就离开了。因为长途跋涉和即将面临的工作压力，我感到精疲力竭。我现在住在法国。忽然之间，这样的认识令人感到恐惧。我孤身一人，不会说法语。我随后小睡了一会儿。在我看来，睡眠和热水对身体和精神痛苦有疗愈作用。

当我下午4点左右醒来时，我饥肠辘辘，于是我走到文森大道，那是一条宽阔的林荫大道，两边都是咖啡馆和商店，但你不知道我有多害怕法国人，我连法语都不会说！我几乎说不出："你好!"实际上我可以说，然而我害怕如果我说了，他们可能会认为我会说法语，然后对我说一大堆其他的法语单词，那我到时该怎么办？我决定最好保持安静。

我小心翼翼地走进了一家三明治店，发现有火腿奶酪三明治出售。我确实知道火腿的法语是什么，也知道奶酪的法语。我把这两个词在脑海里反复地想了几遍，最后用法语说："夫人，请给我火腿和奶酪。"当她微笑着递给我三明治时，我很高兴，说道："谢谢。"我发现，我至少会九个法语单词。这是一件大事，我做到了。在普莉西拉到来之前，我不会挨饿。

我给了店员20法郎，希望她能给我找兑零钱。我在想："这些硬币都值多少钱？"没过多久，我就可以点啤酒、葡萄酒、咖啡等了。我很快发现，自己实际上比原本想象的懂得更多的法语单词。记住，羊角面包（croissant）——这是个很好的早餐单词。在吃了两周的火腿奶酪三明治后，我的用餐种类逐渐变得丰富起来。后来，当我离开法国时，我仍然不会说法语，但我知道了很多法语单词。我挺过来了，不再害怕了。

令人惊讶的是，你会恐惧一些东西，却又很快就能完全适应它。这里的经验是，永远不要低估自己能做到的事情，只要你全神贯注或者投入其中就可成功。万事开头难，但当你迎难而上时，生活就会变得更简单，也更令人兴奋。

在我所生活过的城市中，有一件事我很喜欢，那就是我对这些城市了如指掌。即使现在，我也感觉就像在自己家一样。几周后，我就能像个法国人一样开车，可以在巴黎找到进出的路，一点问题也没有。

法国人的优点是，他们不会像美国人那样在商店和咖啡馆里和你闲聊。你点咖啡，他们就给你咖啡。你要发票，他们就给你发票。他们不会问你来自哪里，或者给你讲一个笑话或其他的什么，这对我来说很好，因为我不想和他们说话，我不会！如果你来到美国，而不会说英语，那一定是一场噩梦，因为在这里每个人都在试图和你谈论这个或那个。

周一早上我去上班，为了以防万一，我很早就出门了。办公室大概只有15分钟路程，可是目前我在法国，这又是第一天上班，所以我不会冒险。地图发挥作用了，我提前了一个小时去上班。当我到达时，其他人都还没来。我很快就知道，如果你想喝咖啡，你需要一枚两法郎的硬币才能把它从机器里取出来。在法国，没有什么是免费的，这不是麦氏咖啡。在这里，我们说的是高品质的东西。

最初的日子压力很大。一切都和原来不同，连打个电话似乎都很难。例如我打电话到一个地方，接听的人不会说英语，我也不会说法语。我该怎么办？我立刻找了一个既会说法语又会说英语的秘书。她叫苏珊·戴弗斯，来自英国，能力很强。她和我一样具有讽刺性的幽默感，所以我们相处得很愉快。

普莉西拉终于来了，她在巴黎东边找到了一套公寓，离我工作的地方只有25分钟路程。那是一套面积非常小的1000平方英尺的公寓。卧室里没有壁橱，因此我们就把其中一间卧室改成了壁橱。这套公寓位置很好，紧邻一个美丽的公园，旁边是文森城堡，那是一座占地两街区的古堡，周围有一条很大的护城河。从13世纪初到19世纪早期，它的建设才得以完成。与之相比，你认为需要很长时间才能完成的项目又算得了什么呢！

文森城堡建成后，当时的国王并不喜欢它，所以他只在附近的树林（文森森林）打猎时把它用作狩猎小屋。国王随后在巴黎西侧建造了凡尔赛宫，这座宫殿要好得多。住在一座美丽的城堡旁边，感觉相当舒适。我觉得文森城堡很不错，不管国王喜欢与否，我都喜欢它。如果你来巴黎，那么花点时间去看看是值得的。乘坐M1地铁从东直达终点，一下车就到了。

一天休假日，我正坐在公园附近的长椅上看书，一辆车停下来，其中一名乘员用法语问我去动物园的路。我暗自惊讶，因为我竟然听懂了她说的话，并且能够用法语告诉她方向。这对我来说很重要，因为并不常见，因此我很兴奋。能让你在生活中感到快乐的事就是有趣的。

在接下来的三年里，我们有很多朋友和家人来拜访，就像我们现在在奥兰多一样。我们住在斯普林菲尔德时，几乎没有访客。他们想看的是巴黎还是我们？我一直想知道！

我们为访客制定了一些规定，即：

· 不要抱怨你的脚，因为我们要走很多路。

· 我们将为你兑换一次外币；可是在那之后，你必须自己去做。

· 我们会向你演示如何乘坐地铁，然后你自己去坐。

· 不要洗太久的澡，因为我们没有太多的热水。

· 当我们去餐馆的时候，上什么你就吃什么，当你知道你盘子里的东西是什么时，不要摆臭脸。

· 要礼貌地对我们的邻居说"你好"，因为你走了，我们还要继续住在这里。

在欧洲迪士尼开业前的两年，生活非常美好。记住，我们还不用担心客人，也不用操心员工。还有一点，不用担心利润。开业前是一段甜蜜的时光。

在最初的九个月里，我招聘了管理层。我在世界各地面试候选人，雇用了很多欧洲人，他们住在美国，但想回到欧洲，特别是如果他们能在迪士尼工作的话。我雇用的很多人现在仍然在迪士尼，在各种领导岗位上有着出色的发挥。他们是迪士尼最优秀的人才。剩下的人则遍布世界各地，为其他机构做着同样出色的工作。

当我到达巴黎时，迪特·汉尼格是欧洲迪士尼餐饮业务的概念开发主管。这是我第一次见到他。我们双方都不知道彼此会在欧洲迪士尼共事很长一段时间，然后在华特迪士尼世界度假区工作很多年。迪特·汉尼格是世界上最优秀的餐饮专业人士之一，也是迪士尼的餐饮走向全球的唯一原因。雇用绝佳的人才真的是回报满满。

在最初的几个月里，这份工作的好处是可以周游世界，我去了之前从未去过的各种地方。我最终聘请了225名餐饮业务经理。

我从这些雇来的员工那里学到了很多东西，其中一位名叫诺拉·凯里的女士让我明白了坚持不懈的意义。她是个美国人，以前住在伦敦，现在想在巴黎的迪士尼工作。她擅长于菜单规划、菜单设计、烹饪、教学等方面，但我当时真的没有适合她的职位，所以我对她说"不"。她一直在努力，而我在不停地说"不"。

有一天，我在邮件中收到一封邀请函，是为了著名的美国食品鉴赏家和作家朱莉娅·蔡尔德在巴黎的丽兹酒店举行的一场招待会。我和普莉西拉将会出席。

在这里顺便提醒一下，有时看到邀请函上写着"R.S.V.P."就不回复的人，"R.S.V.P."的意思是不管你来不来，都要做出回应。有些人似乎认为，如果你要来的话，那就要打电话，而其他人则持相反的态度，即假如你不来就打电话回复。有时我们接到某人的电话，说："我们打电话来是回复你的邀请。"

这种情况下，我们就会问他们："你们是来，还是不来？"不适当地回应你收到的，上面写着"R.S.V.P."（请回复）的邀请函是相当不专业的，也显得缺乏礼貌！R.S.V.P.在法语中的字面意思是，"如果你喜欢就回应"，但是"如果你喜欢"并不是字面意思。对于很多人来说，这是一个非常必要的经验，尤其是当你收到老板的邀请却处理不好的时候。这就好像，使用错误的餐具，或者不把餐巾放在膝盖上都会让你不好受。假使你不确定，那就看看其他的食客怎么做，然后照做。

回到丽兹酒店，我们被接待人员指引过来，随后走到茱莉娅·蔡尔德跟前，站在她旁边做介绍的不是别人，正是诺拉·凯里！诺拉说："朱莉娅，我想让你见见欧洲迪士尼的餐饮总监李·科克雷尔。"茱莉娅低头看着我，因为她个子很高，她说："科克雷尔先生，我希望这里的食物比奥兰多的好。"我真的不记得自己说了什么，或许我咕哝了一声："我也是。"她的意思是，美食的概念在法国比在美国要重要得多。

几年后，在迪特·汉尼格已经负责我们的餐饮业务一段时间后，茱莉娅又来到了华特迪士尼世界度假区。她在迪士尼世界度假区参加美食节。当我遇到她时，她告诉我："科克雷尔先生，这里的食物真的很好吃。我收回几年前在巴黎对你说过的话。"这个故事的真正意义在于，诺拉·凯里找到了另一种接近我的方法。我们最终雇用她来管理我们在度假区的所有平面工作，包括制作所有的菜单和其他的事情，谢天谢地我们这么做了，因为她真的完成得很出色！我们为她创造了一份工作，事实证明我们真的需要她，而且直到她拿出实际行动让我们信服，我们才意识到这一点。这是一个关于坚持的故事，另一个故事在下面的段落中。

经理们都被录用后前往巴黎报道的同时，我和普莉西拉则利用这段时间在欧洲度了几次愉快的假期。甚至，在1991年海湾战争爆发三天后，我们俩选择去了印度和尼泊尔旅行，和老板桑杰夫妻一道前往。桑杰是印度人，从而使得这次旅行有更加绝妙的体验。我们在去印度的路上不得不飞过伊拉克，当时由于战争，飞机上只有大约十人。这次旅行是一项巨大的福利。印度是一个迷人的地方，极具异国情调。我在印度遇到了另一个很好的阐述"坚持不懈"的例子，并且学到了"也许"这个词的真正含义。一天早上6点，我们沿着恒河散步，准备乘船。到现在为止，我们对各式的乞求已经麻木了。这里的贫困是很难想象的，住在人行道上的人随处可见。正在这时，一个年轻人走近普莉西拉，试图向她推销自己的一些自制/手工饰品。她想把他推开，但他仍旧坚持。她最后只得对他说："也许等会儿再买。"

我们随后上了船，来到恒河，恒河是印度教中一条非常神圣的河流。人们在去世之前会到这条河附近，在河岸上火化。沿着整条河一路游走，感觉甚好。每当这座城市醒来时，成千上万的人便早早地到河里洗衣服，一边在出售他们的货物，一边在火化。与此同时，牛在大街上游荡，到处都是乞丐，真是有看头。在印度你可以买到乞丐硬币。只要一美元，你会得到一把可能值半美分的硬币。这个环节十分必要，否则你会在几分钟内被这么多的乞丐弄到破产。我从来没有感到过不安全，因为正是他们的宗教帮助这里的人应对贫困。印度是一个不错的民族。

我们在河下游几英里处下船，就在这时，一小时前接近普莉西拉劝她购买商品的那个年轻人又出现了。

他一直跟着我们的船顺着河岸往下走。他走近普莉西拉，请她买一些他的东西。她说，"不，我不感兴趣。"他回道："但是，夫人，您说过，也许等会儿再买。"他的坚持终于得到了回报，她买了！这是一堂很棒的课！"也许等会儿"在这个年轻人看来就是一定。当你在商务或私人谈判中，仔细聆听每一个字。当你想要什么的时候，也要问问自己是否足够坚持。

我们的生活在1990年到1991年9月之前都是非常美好

的。真正的工作开始于10月左右。这时，工作的步伐加快了，因为我们离开业只有七个月的时间，还有一个又一个的最后期限要完成。

· 我们做事时必须用英语、法语、德语、意大利语和西班牙语五种语言。

· 法国没有"迪士尼文化"。我们有责任将优秀专业、礼貌友善和注重细节的企业精神落实到位。

· 从早上6点到午夜过后，我们一次又一次地开会。

在开放前的最后七个月里，我每天早上4点起床，4点45分上班。这个时候街上没有任何车辆。我通常工作到晚上10点左右，也就是说，平均每天工作了17个小时。通常情况下，我会在晚上10点30分回到家，然后上床睡觉，又在凌晨4点再次起床。这种情况持续了七个月，每周工作六到七天。当人们告诉你，他们每天工作18个小时，要持怀疑态度。我自己也很惊讶，因为我根本不知道自己竟然有这种耐力！

开业前一年，我戒酒了。这个不容易，因为我喜欢葡萄酒，我住在法国，那里有世界上最好的葡萄酒。我需要利用每一盎司的能量工作。这七个月里，我除了睡觉和工作外，什么也没做。

我每天都要打包一两份花生酱和果冻三明治，因为我在上午9点或10点左右就饿了。这时候我会吃一份果腹，另一份作为我的第二顿午餐。我可以向你保证，如果你做了花生酱和果冻三明治，用箔纸包裹起来，这样即使你忘了吃，一周后也不会变质，它们真的能保持湿润。我经常在公文包无意中发现几天前放在其中忘记吃的，结果仍然可以食用。这节省了很多时间，它是一种高热量、美味健康的三明治。法国人不卖花生酱，所以我的朋友会带来或寄给我们。在迪士尼乐园的时候，我又开始携带三明治做吃食了。三明治替我节省了多少时间。

一天晚上到家时，我和普莉西拉开起了玩笑。我说："你今天起床了吗？"她说："你什么意思？"我说："嗯，我今天早上离开的时候，你在床上，现在你还躺在床上。"这对她来说，只是一次习以为常的调笑。

普莉西拉是一个坚强的女人。她在巴黎把自己的事安排得妥妥当当，从来没有抱怨过我的工作时间。她和我一起经历了迪士尼新园开张，知道它是如何运作的。她爱巴黎。我想，她三年来每天都去巴黎的不同地方。在法国，购买普通的家庭用品要花费很大一部分时间。当然，普莉西拉没有车。像干洗这样的小事就不一样。当你从洗衣店取回一套衣服时，他们不会把衣架给你。他们把衣服从衣架上拿下来，并把它折起来——在行动中节省成本。此外，你要自己打包食品杂货，因此你通常要随身携带自己的包。这是强制回收行动和降低劳动力成本。

在法国，我们一直习惯不了的一个当地传统是餐馆通常是晚上8点开门。我们经常在晚上8点到达餐馆，服务员和厨师们还坐在餐厅里用餐。

大多数客人直到晚上9点或10点才到达。我们必须学会欺骗服务员，因为他们只会在你吃完甜点之后，才为你提供咖啡。这是法国的习俗。我们会告诉服务员，我们不想要甜点，只要咖啡，然后当咖啡端上来的时候，我们告诉服务员我们改变主意了，现在想要一份甜点。那样我们可以咖啡和甜点一起吃了。此外，我们还需要学习的其他事情是，服务员要等你合上菜单的时候才会过来接受你的点餐，这是你准备点餐的信号。我们还了解到，葡萄酒只能与食物一起食用。你不能在晚餐前点一杯酒作为开胃酒或饮料。而香槟在任何时候，任何场合都可以。无论你喜欢与否，皆是如此。

普莉西拉在我们文森社区附近转了一圈，把我介绍给了所有她曾光顾过的商店的店主，告诉他们我不会讲法语。我去商店买东西时，她会让我像个孩子一样，带个便条给店主。这很奇怪，当然我后来习惯了。至少用这个方法，我带了正确的奶酪回家。

1992 年 4 月 12 日开幕日

我们终于准备好了，我们于1992年4月12日上午9点开放了欧洲迪士尼乐园。好吧，你从来没有准备得像你希望的那样好，所以还有很多问题和事情亟待解决。

我们在华特迪士尼世界乐园专责小组的帮助下，为10 000人举办了一个开幕派对。在这里，我第一次见到了梅格·克罗夫顿、唐·罗宾逊和其他许多人。克雷格·霍奇斯和达胡安·里弗斯经营着贝尔站，这是一个帐篷，他们在那里登记进出了上万件来宾行李，而没有丢失一件。

迪士尼的开张就像埃及金字塔的建造。成千上万的演员在做着你能想象到的一切。我从来没有见过这样的场面，相当盛大。

如果没有华特迪士尼世界乐园数百人的专责小组，我们真的不可能开业。这么多人的专业分工就像二战中诺曼底登陆一样。这场聚会是一个值得一看的景象。我们买下了欧洲所有的虾和草莓，倒过的香槟酒比我在任何地方见过的还要多。光宴会的食品费用一项就超过了100万美元。

盛大的开幕式进行得很完美，当夜幕降临，我们都为自己所做的伟大工作而激动不已，最终在凌晨4点左右上床睡觉了。我们都准备好了，万事俱备，准备好迎接这个夏天的巨大客流。这将是一个盛大的夏季，也是我一生中最伟大的经历之一。

然而，游客没来！

欧洲的经济衰退和太多负面的媒体报道都让人们远离迪士尼，而我们在度假区有2000名演员，人手过多。所有演员都签了至少90天的合同，即使在那个时候，违约的代价仍然很高。这就是我所说的"地狱般的夏天"。我不知道天堂是什么样子；但经过这个夏天，我知道了另一个选择是怎样的。我再也不想去往地狱了。

我们在巴黎的主题公园和度假区每天的损失达到百万美元。你甚至无法想象，当你每24小时损失100万美元的压力是什么样子。华特迪士尼公司的首席执行官迈克尔·艾斯纳和总裁弗兰克·韦尔斯曾多次考查我们。

当你以这样的速度亏损时，可以说这些都不是令人愉快的访问。

这就像在泰坦尼克号上，只不过没有水冲进来，而是法国法郎正在冲出去。向欧元的转换尚未发生。你知道每个人都不会活着出去（专业地说）。

　　从商业角度看，"9·11"事件之后我们在迪士尼世界所经历的一切与我们在法国所做的相比，就是小儿科。我们的产品非常棒，酒店、主题公园、美食都是一流，我们的演员阵容也很强。唯一缺少的是客人，还有一件真正重要的事，就是收入！这是我职业生涯中最困难的工作，包括多年前我被解雇的那份工作也没它难。

　　许多经理和高管的事业不见起色，或许我应该说，他们放弃了，压力太大了。各式员工都在相继离开、辞职、被解雇，还有其他你能想到的一切。离婚案时有发生。妻子们都搬回娘家，孩子们都在哭泣。一点都不有趣。这能为你描绘一幅关于事情会有多糟糕的画面吗？与我们所处理的情况相比，不增加业绩或减少工作时间就像升职一样。我们每周重组两次。所有的准备工作都没有什么用处，因为当客人们出现并告诉我们他们想要什么时，我们必须立即改变原有的理念，重新调整程序和步骤。

　　在我的职业生涯中，我有过很多次这样的艰难经历，所以我只是保持冷静、镇定和专注，集中精力尽我所能地去做我必须做的事情。如果你不相信这次开业有多艰难，那就问问工作小组的其他人，比如巴里·雅各布森、马克·姆罗津斯基、卡罗琳·阿戈、里克·艾伦、瓦尔·邦廷、戴夫·韦尔默朗、马克·曼尼拉、格雷格·沃恩、芭芭拉·希金斯，或金·玛丽娜乔。还有其他人，这些人可以告诉你事情到底有多艰难。他们和我坐的是同一台过山车。即使是当时为我们工作的帕姆·兰沃斯——"给孩子全世界"的现任主席，也在那里夜以继日地工作。我当时认为应该要派发90 000份试餐券，这样我们就可以在餐馆里练习，然后再向公众开放。

在开业三个月后的7月，我被提升为欧洲迪士尼度假区的副总裁，原来的副总裁在最后离职了。嘿，我以前经历过困难时期，所以这对我来说没有那么糟糕。这比被解雇要好得多。我的职责是负责六个拥有1000间房间的度假区的运营。倘若我没有以前在万豪的一家酒店当过总经理的经验，我想我不会得到晋升。几年前搬到斯普林菲尔德的那一小步是成功的。经验最终开始用真正的金钱回报你。

我们都在继续前进，尽我们所能。问题从来没有变小或消失，但结果是你可以适应任何情况；所以过了一段时间，我们休息几天，像正常人一样去度假了。

我们逐渐适应了"新常态"。事实上，在我看来，根本没有"新常态"这回事。所有的一切，就是作为领导者，你需要学会适应当前的环境，而不是站在旁边许愿、期望、抱怨、祈祷事情会回到你希望的或者它们原来的样子。关键是放低姿态，咬牙开始，事情要以你想要的方式完成，而不是你希望的方式去做，这往往需要时间。

我们处在一种如此艰难的环境中，我只是尽我所能去做，因为这是我所能做的一切。在这个开幕式上，我对自己的了解前所未有地多。从那之后，在华特迪士尼世界度假区工作就像在天堂一样。我从欧洲迪士尼的开业中知道，在任何压力下，我都能坚持住。

更糟糕的是，我的岳父、普莉西拉的父亲——海军上将查理·佩恩，于1993年2月去世。在他的桌子上有一张纸条，上面写着："尽你最大的努力，然后原谅自己。"这是我们每个人都能做的。如果你尽了最大的努力，那你就没有什么可羞愧的了。问题不在于发生在我们身上的事情，而在于我们对所发生的事情的反应。领导者必须保持冷静、镇定和专注，因为每个人都在看着你。

我们飞回家去参加我岳父的追悼会。在马里兰州安纳波利斯的美国海军学院举行的追悼会上，每个人都说了很多关于他的精彩的事情。在葬礼上，有一件关于他的事影响了大家几周后回到巴黎的生活。稍后再谈这个问题。

当时，牧师正在谈论查理·佩恩一生中的成功，从阿肯色州的一个穷孩子到第二次世界大战中的战斗，再到从麻省理工学院和海军学院毕业，成为美国海军上将。牧师在谈他的干劲及去追求和实现他所想要的一切的决心。牧师接着说，查理在他和妻子森夏恩第一次约会时告诉她，他打算娶她。森夏恩说她以为他是个疯子，但七年后他们的确结婚了。牧师给我们的信息是查理·佩恩不会等着采取安全或谨慎的路线去做事。他立即采取了行动！

对于所有领导者每天都面临的各种道德问题来说，这都是正确的，这就是我学到的——做好准备去做正确的事情吧！记住，报纸上每天都有很多故事，这些故事展示了领导人做出错误选择的例子。顺便说一下，"普韦布洛号"是美国历史上唯一一艘被外国势力控制而没有返回的美国海军舰艇。它目前成了朝鲜的一个旅游胜地。

追悼会结束后，丹尼尔和我飞回了巴黎，我们在飞行中庆祝了他的生日，而普莉西拉留下来帮助她的母亲森夏恩收拾东西。这是一次路途漫长、通宵达旦的飞行，我想了很多，生命是多么脆弱和不可预知。

丹尼尔和我回到巴黎迪士尼乐园工作，大约八天后的一天晚上，我在度假区值班。当值需要连续一周并住在其中一家酒店里，以在一天24小时内都能应付紧急情况。

晚上8点左右，儿子丹尼尔给我打了个电话，告诉我他想见我。他说他在酒店的大厅里。我说："可以。上来吧。"对他来说，这不是正常的行为，因此我有点担心他会来告诉我什么。

他走进那扇门，不太确定将要发生什么，但我已经能感觉到，不管是什么，这是一件大事。我知道他不是来借钱的。通过他脸上那种坚定的表情我知道这是一件大事，多年来我经常看到这种表情。我知道他不是来征求我的意见或许可的。

这就是为什么我早些时候说，丹尼尔的外公查理·佩恩影响了几周后我们在巴黎的生活。丹尼尔深爱外公，对他极其尊敬，他也听到了牧师的话，这些话影响了他。

因此我说："嗨，怎么了？"他说："我要结婚了。"他从普莉西拉那里学到了如何用很少的话语，切入正题。

的确，这是大事！我赶紧说："恭喜你，太棒了。那你的女友瓦莱丽呢？"他说："她在大厅里。"我说："好吧，去找她吧，这样我们就可以给你妈妈和外婆报喜了。"我很兴奋，因为我们已经认识瓦莱丽一段时间了，大家都很认可她。

普莉西拉早在1991年就预言，丹尼尔大学毕业后搬到法国时，我们会有一个法国儿媳。我说："你为什么这么预测呢？"普莉西拉说："李，你曾在你居住的地方坠入爱河。而你的儿子已经22岁了，他正住在巴黎。"

当时是美国时间下午2点，所以我立刻拿起电话，打电话给普莉西拉，告诉她儿子要结婚了。她说："我知道他要结婚了，我在父亲的追悼会上就感受到了。"我在想："女人是怎么做到的？"我根本没有任何预感，在此之前我从来没有想过儿子会娶一个法国女人。"女人是怎么做到的？"我想学这个。

普莉西拉曾几次告诉我，我对周围发生的事情的敏感程度很低。我想她可能发现了什么。我经常跟她开玩笑，告诉她那不是我的错。我们男人只落后女人10亿年左右，总有一天我们会迎头赶上的。我告诉她，我们的进化速度有点慢。我想让她接受的主要观点是，这不是男人的错！然而，我不觉得自己能够说服她。

现在你再一次问自己："为什么李告诉我们这些？"这与职业发展有何关系？稍后我将告诉你，这一切都是如何完美地结合在一起的，在职业魔法的主题下，这一切都是有意义的。你将不得不等待去了解生活是如何让你经历那些在当时没有意义的体验和情况，但最终，事情往往会变得完美。重要的是游戏结果，在比赛中你是否落后并不重要。

眼下是1993年3月。我已经工作28年了，自24年前我们结婚以来，我们已经搬了10次家。这个工作是我的第21份工作，我也即将成为爷爷。

　　我估计，过去的三年给我的经验账户至少贡献了300万美元，现在我有1000万美元的经验了。顺便说一句，我会把爷爷这个身份作为我生活中的一个重要的晋升，仅次于丈夫和父亲。

　　接下来，我将告诉你，在职业生涯的大型过山车上即将发生的另一次意外的伟大旅程。

第八章

· · ·

即便再微小的付出
都会有收获

· · ·

1993

年3月，丹尼尔跑来告诉我，他和女友瓦莱丽要结婚了。1990年我们刚去法国时，我预计至少要在那里待五年；眼下，我们在那里已经待了三年。即使我们损失了很多钱，但我并没有因此被解雇，所以我觉得自己暂时还是安全的。实际上，我从来没有想过要丢掉工作。我不知道为什么自己没有想到这一点，但是真的从来没有。也许应该要想到，然而现在我已经是一名商业战争中的老手了！如果有一个商业奖的话，我会赢得紫荆勋章，因为我在职业生涯中曾多次受伤，并且幸存了下来。倘若我受伤了，我就会赢得紫荆勋章。尽管我有一些伤是身体上的，但大部分是来自精神上的。

瓦莱丽和丹尼尔的婚期定在1993年4月24日。在法国，人们习惯把结婚仪式选在其居住的农村的村委会举行，政府负责人会替你主婚。丹尼尔和瓦莱丽将在他们当时居住的小村庄结婚，那里离欧洲迪士尼不远。他可能是那个村子里唯一一个已婚的美国人。

瓦莱丽的父亲维克多告诉丹尼尔，第二次世界大战结束时，他遇到的第一个美国人给了他一块巧克力棒，而第二个美国人则带走了他的女儿。顺便说一下，他很喜欢丹尼尔——他那三个住在美国的外孙的父亲。他比我幸运，因为他在法国另外还有三个孙子。我认为维克多评论得相当巧妙。

我记得曾经看过那些美国士兵在解放法国时给孩子们分发巧克力棒的电影。

很快，我们就安排好了大家聚会的时间，这样两家人就可以在几周后的婚礼上见面了。瓦莱丽的父母从里昂附近的一个小村庄开车到巴黎。我们在周三晚上聚在一起度过了一个美妙的夜晚。我喜欢法国的一个原因是，不管庆祝的活动重要与否，他们每次都会开香槟。

聚会上，普莉西拉翻译了四个小时。维克多和我只是喝了香槟，笑了笑，因为他不会说英语，我也不会说法语。普莉西拉和瓦莱丽的母亲安娜聊了一整个晚上，我和维克多只是时不时地点点头，享受着我们的香槟。在那天晚上的相聚和婚礼之后，我们在家里增添了一些新的传统。当我们家有人去法国时，我会给维克多带一瓶加州葡萄酒，他会回赠我一瓶法国葡萄酒。

感恩节时，为了向法国儿媳妇瓦莱丽表达心意，我和普莉西拉在菜单上加了一道奶酪菜。如果你想知道为什么在过节时的一些菜是你家庭独有的，回头想想家里嫁娶的人，他们从何而来。问问你的祖父母，因为或许他们知道这道菜的历史。老人家很聪明，什么都知道。

也许你知道，法国人会拿美国人开很多玩笑，美国人也常取乐法国人。有趣的是，当你有一个法国的儿媳和三个可爱调皮的孙子，而他们竟然是半个法国人时，你会觉得这些笑话一点也不好笑。这里的经验是，我们不应该拿别人开玩笑，原因有很多，其中一个很大的原因是，有一天，他们可能会成为你家庭的一员。这就是关于多样性的课程，也是我学得很好的一课。

在得知丹尼尔和瓦莱丽即将结婚的几周后，我接到了老板桑杰的电话，他告诉我，阿尔·维斯想和我谈谈在奥兰多迪士尼世界的一份工作。我问他什么时候能得到这份工作，他说马上就可以。我立刻告诉他们，我不能在4月24日举行婚礼前开始任何新的工作。说到习俗，这些年来，我一直以为自己不需要为婚礼买单，因为我有一个儿子，而不是女儿。我很快就了解到，在法国，分摊婚礼的费用是一种习俗。尽管这是一种小小的反福利，但很值得。

在我看来，丹尼尔和瓦莱丽随后举行了完美的婚礼。1993年4月24日，星期六下午，他们在所住村庄的村长助理的帮助下，举行了婚礼。村长本应替他们主婚，但他的妻子在婚礼前一天去世了，村长助理不得不接替他。丹尼尔夫妇俩没有在教堂结婚，因为丹尼尔不是天主教徒。如果他是的话，他们就要举行两个婚礼：一个是宗教仪式，一个是法定仪式。

仪式结束后，我们去他们家吃蛋糕，当然还有香槟！那天晚上，20个家人和朋友举行婚礼派对，一同去埃菲尔铁塔的儒勒凡尔纳餐厅吃了一顿丰盛的晚餐。随后，他们在周日为所有的家人、朋友和同事举行了盛大的招待会。我之所以说这是完美的，是因为我们能够和新郎新娘以及他们的家人和最亲密的朋友一起愉快地度过一晚，不像你在婚礼结束后举行的盛大招待会上所看到的那样，那些人的父母从来没有机会见见自己的儿子或女儿，还记得电影《拜见岳父大人》①吗？

　　甚至在婚礼举行之前，我就登上了飞往奥兰多的飞机，去接受华特迪士尼世界度假区的新执行副总裁阿尔·维斯的面试。由于当时一场有史以来最大的暴风雪袭击了东海岸，使得我不能在亚特兰大着陆转机，因此我没有在约好的那天到达奥兰多。我们的航班改道到了达拉斯，我在当地的一家小汽车旅馆里住了两天，然后才能乘飞机去奥兰多。

　　阿尔对我进行了面试，接着他录取了我，给了我这份工作，所以我就回巴黎参加婚礼，并把所有搬家的零碎事务打理好。公司同意我可以5月开始工作，因为婚礼定在4月下旬。我立刻就对阿尔产生了好感，我告诉他，我喜欢每天下午5：30分左右去健身，我不想他来我的办公室看到我不在，以为我对工作不负责任。他解释说，他相信一个人要劳逸结合，而且他也经常在业余时间去他女儿的棒球队或他儿子的篮球队执教。当然，他绝不会错过他们学校的任何活动或比赛。阿尔说得越多，我就越喜欢这个人。真是相见恨晚。这里的经验是，尽你所能地确保你身边的人能够参与他们生活中这些特别的家庭活动。

　　回到巴黎的时候，人们已经为我举办了一场管理层欢送派对，但他们计划在5月初的一个星期六下午再举行一次欢送活动，地点选在我老板的家里。当时每个人都来了，包括我同事的丈夫、妻子和孩子。在我看来，当有孩子在场时，所有的事情都会变得更有趣。

---

　　① 环球影业出品的一部家庭喜剧片，于2000年在美国上映。

后来，我接到阿尔的电话，要飞回去参加一个会议，会上宣布我将成为华特迪士尼世界度假区酒店运营部的新高级副总裁。他想让我在宣布的时候在场，这样我就能立即与团队见面，他们就知道我是谁了。我打算飞过去，参加该次会议，然后马上返回出席周六下午的欢送会。

接下来，我在会议途中没有遇到任何问题，会上当场做了宣布。我已经准备好飞回巴黎去准备几周后的搬家，并参加我的告别派对。这是一个很好的计划，但是我的航班突然出了设备问题，只好在北卡罗来纳州的罗利市待了一天一夜。他们在巴黎举行聚会，我没有出席。在职业生涯过山车上度过了平常的一天，但我通过电话参加了10分钟的电话聚会。

我于1993年5月23日开始在华特迪士尼世界度假区担任酒店运营部高级副总裁。普莉西拉在巴黎多待了一段时间，于6月份飞过来与我相聚。丹尼尔和他的新婚妻子一起留在法国。彼时，我48岁，已经工作了28年。这将是我们25年来的第11次搬家。我们将住在奥兰多，此前我从没想过会住在那儿。你永远不知道那个大型职业生涯过山车会驶向何方。

在2015年之前一直担任美国和法国迪士尼乐园和度假区总裁的梅格·克罗夫顿以及工作多年刚从迪士尼退休的戴尔·斯塔福德，即将成为度假区业务的副总裁，并成为我的下属。我来到奥兰多，与他们二人相识，然后一起建立了一个新的组织结构。在那些日子里，度假区、主题公园和所有的支持性运营部门都是在负责人的管理下独立运作的。如今就大不相同了，迪士尼世界有一个组织结构，可以使所有领域作为一个团队工作，以更高的效率工作，并把华特迪士尼度假区作为一个整体、一个团队运行！

我们首先要应对的是商业衰退，整个队伍开会讨论了各种省钱的方法。我们想出了许多至今仍然行之有效的好点子。会上决定，不要把所有的水和化学物质排放到下水道，这样有助于解决环境问题。在此期间，我们取消了许多管理层职位，比如驻地经理、行政主厨和度假区的餐饮经理。迪士尼世界要感谢我在1993年上任时引进了电子邮件系统。华特迪士尼世界度假区那时候没有电子邮件，但那时法国有。你可能会感谢我或诅咒我；但一旦你习惯了拥有它，没有它时就觉得寸步难行。

我立刻就着手教授时间管理，作为人们了解我的论坛。我在晚上安排了几次大型的会议，一共有200到300名经理参加，这样他们就能看到我，聆听我的处世哲学。我让他们有问题就发传真给我，因为那时候电子邮件系统还没有到位。他们给我发了很多棘手的问题，我都一一作答。我想破除所有的谣言和猜测，这是所有领导人在担任新角色时都被鼓励进行的。新领导人换届会议实际上是把所有人聚集在一个房间里，让新领导人向大家解释他是如何工作的，他们喜欢如何与人沟通，并阐明其期望与愿景。这会加速让每个人都站在同一条战线上。阿尔和我与所有的高管们进行了一次会议，并与他们一起完成了新领导人的换届。这是一个非常有效的方法，我真希望自己在职业生涯的早期就已经了解到了。它只是简单地加速人们对你的了解，比如你想要什么，你如何工作，以及什么对你来说是重要的。

1995年，我创立了"迪士尼公司伟大领导战略"，在此过程中，我将迪特·汉尼格升为主管，然后成为餐饮部门的副总裁。在那次决议之后，我们的餐饮声誉大幅提升。我曾经告诉过阿尔·维斯，我们世界一流的餐饮的荣耀称呼应该归功于我，因为我把迪特放在了这个工作岗位上。他笑着说："而我把你放在你的工作岗位上！"我很确定这是一种赞美。

在我来奥兰多之前，负责商品的高级副总裁琼·瑞恩刚刚加入该公司。这些年来，琼一直都是别人的下属，最后，当我们把所有的运营安排在一个结构下，她终于成了我的下属。她是另一位在零售商品行业为迪士尼创造了世界级声誉的领导者。琼可以告诉你很多关于大型职业生涯过山车的故事，迪特·汉尼格、巴德·戴维斯、厄林·华莱士、卡尔·霍尔兹、艾丽丝·诺斯沃西和杰夫·瓦勒也可以。事实上，我认为如果你和我的每一个下属交谈，你会发现他们每个人都有一些艰难和极具挑战的乘坐大型过山车的刺激经历。我知道，唐·罗宾逊、利兹·博伊斯、里奇·泰勒、格雷格·埃默尔、迈克尔·科尔格莱齐尔，还有我办公室里的三个人，克里斯·博斯蒂克、玛莎·戴维斯和珍妮特·曼内特，在这令人兴奋的旅程中都有属于自己人生的起起落落。今天，他们都做得很好，他们的过山车都在可控之中，至少目前是这样。

这是一个很好的经验，说明人尽其才，让合适的人担任正确的角色是多么重要。这些年来，我的每一个下属都把自己从"良好"变成"优秀"。我有幸拥有一支世界级的团队。我从不担心我们实现任何事情的能力，不管它目前看起来有多大的挑战性。"9·11"事件证明了我是正确的。没有这个团队，我们不可能在这么短的时间内完成所做的事情。领导力很重要！

包括我在内，这个团队学会了彼此欣赏，互相分享领导地位，这是极具意义的一项。能像我们一样的团队屈指可数，如果有的话，这种方式也是我们能在任何问题或项目上都取得了令人瞩目的成果的原因。作为个人和专业人士，大家完全尊重彼此。

1996年，我们得到了迈克尔·艾斯纳的批准。斥资600万美元在迪士尼当代度假村翻修当时的世界顶级餐厅，并在那里建造了一家名为"加州烧烤"的新餐厅。这一决定使我们走上了追求卓越餐饮的道路。在那次的转变之后，我们拥有了一个实验室来展示能做的项目。此外，其他许多崭新和令人兴奋的概念接踵而至，令我们这些年来声名大噪。在华特迪士尼世界度假区，糟糕的食品和服务是违反了公司规定的。最优秀人才的云集让"加州烧烤"再一次变得与众不同。如果没有克利福德·普罗——我在巴黎迪士尼酒店为加州烧烤店聘请的厨师，还有餐厅经理乔治·米利奥特斯的话，我们最多只会是一家不错的餐厅。是他们造就了这家餐厅！良好和优秀之间的差别是如此之大，只有经历才能理解。

几年后，由于琼·瑞恩的决心，我们在迪士尼城建造了一个非常庞大的迪士尼世界专卖店。每个人都认为应该建一个规模较小的商店，除了琼。她是对的，这是世界上最棒的商店之一。假如没有她当初的坚持，我们就会建一家小得多的商店，就不能取得今日的成就了。

随后，唐·罗宾逊从法国回到奥兰多，开始担任迪士尼全明星度假村的开幕总经理。他是我们第一次一起工作的巴黎迪士尼纽波特湾酒店的总经理，现在已经是度假村的客房主管了。当初，唐肯定不会知道甚至想象不到有朝一日他会成为香港迪士尼乐园的最高行政长官。他也没有意识到他很快就会和苏西·埃尔罗德结婚。问问唐关于大型职业生涯过山车的经历。他和我们大家一样，也经历过人生起伏。

你瞧，每个人都必须按自己的方式行事。除了迪士尼，唐从来没有为谁工作超过30多年，但他一直关注着世界上正在发生的事情，从未放弃学习。随后他开始了香港迪士尼开发项目，然后离开了迪士尼，并成功地在巴哈马度假村担任了七年的总裁，接着在退休前担任了佛罗里达全线火车的首席运营官，那是能在迈阿密和奥兰多之间一天跑32次的新高速列车。唐在迪士尼学到的商业技巧对他很有帮助。

1993~1995年，我开始担任华特迪士尼世界度假区的酒店运营部高级副总裁。

1995年，阿尔·维斯被提拔为华特迪士尼世界度假区的执行副总裁，该度假区包括所有主题公园、度假村、迪士尼城和ESPN体育中心。不久之后，他被提升为总裁。我被提升为华特迪士尼世界度假区的运营部高级副总裁。我的上司是布鲁斯·拉瓦尔，他是华特迪士尼世界运营部的运营执行副总裁。

我们开始把整个迪士尼世界度假区的结构一体化，所有人都听从阿尔·维斯的安排。这将是所有企业第一次以如此有组织的方式由一个人负责，将会有效刺激在华特迪士尼度假区的所有业务的团队合作也让领导人有所作为。这是我们做出的最好的决定。做这个决定时并不是没有痛苦和阻力，但现在已经完成了，而且事实证明这是正确的。记住，阻力并不是你停止相信一件事的好理由。无论何时你要做什么艰难的事情，都一定会有阻力。由于我对主题公园一无所知，因此我需要学习很多东西。早些时候，我知道有很多迪士尼的老员工都想知道为什么我会得到这份工作。

慢慢地，可以肯定地说，我们使这个地方变得越来越秩序井然，变得更加高效。这是一个制定严格的成本管理和生产力目标的时代。虽然你们中的许多人可能不喜欢成本管理和生产力目标流程，但只要企业是以一种平衡且灵活的方式管理，它就是最重要的流程之一。每一家企业都必须每年提高生产率。总有更好的方法或新的技术来帮助你解决这个问题。只要你在工作效率、员工的卓越程度和客人满意度之间取得平衡，你就能长期取得令人满意的商业成果。

1997年5月，我被提拔为华特迪士尼全球运营部的执行副总裁。现在所有的支持团体和运营团队都被一体化了，我们开始取得很大的进展。

· 在这些年里，我们了解到一个清晰的组织结构是多么重要，以及雇佣合适人才的重要性。

· 在这几年里，我们学会了在雇佣员工之前使用结构化面试的价值，我们还与盖洛普公司合作，完善了这项工作。对我来说，这是一件令人兴奋和重要的事情。我希望在职业生涯的早期就知道有结构化面试。如此，我们就会对领导者的选择更加谨慎。

· 我们处理了非常有争议的问题——比如取消了领导（主管）的职位——这与我们以前的做法不同。

· 在过去的几年里，我们做了很多工作来改进迪士尼世界全球度假区，以至于我有时很难相信我们这么快就完成了。当你拥有一支伟大的团队时，你可以走得更快。

· 在此期间，我们实施了"优秀演员调查"，以衡量他们对工作所需的领导、文化和资源的满意程度。

· 我们还极大地提高了我们对客人满意度的研究。

· 我们教导每个人不仅要成为一个好的领导者，而且自身也要具备过硬的本领。我们知道，员工应该得到好的领导，这样他们才能为客人提供世界级的服务。我确信伟大的领导者是在任何努力中取得优异成果的灵丹妙药。我希望在自己的职业生涯中早些明白这一点。

截至2006年7月，我担任这个职务已近10年，并在阿尔·维斯手下工作了13年。我告诉人们这就像结婚一样。我和他彼此了解。他把我作为一个个体来领导，让我觉得自己很特别。他尊重我，让我变得更有见识。我希望你也有一个这样的领导。这会更有趣，也更令人满意。

我是一个指导委员会小组的成员，这个小组在一起工作很长时间了，我们合作得很好。"9·11"之后，我们进行了一次真正的团队合作测试，在2004年飓风袭击奥兰多之后，我们又一次受到了考验。大家曾经一起经历过充满挑战的时期，但"9·11"完全不同！

阿尔在这次危机中展示了他的能力，指导委员会的每一位成员也一样。阿尔指导我们，要做到头脑冷静、集中精力、情绪镇定。这正是危机中所需要的。那不是争取共识的时候。在危机中，你需要一个领导者，需要一个行动迅速的人。

我最近读到，在第二次世界大战期间，温斯顿·丘吉尔在正常的官僚机构之外成立了一个独立的组织来做一件事，该组织的职责就是告诉他真相。真是个睿智的人！（这是我的第一本书《创造魔法》第8章策略6中详细解释的内容，该章节的标题是"学习真理"。）

我们继续频繁地调整组织结构，以确保遵循迪士尼的伟大领导战略，人尽其才、物尽其用。我在华特迪士尼世界中了解到，要更多地关注数据，而不是每个人的个人意见。多年来，我们所做的许多改变都是在对内和对外的斗争和抵制下进行的，因为人们讨厌变革。我们密切关注客人的满意度评分，而不是那些可能有未知意图或只是不想改变的人发出的所有噪音。虽然个人观点很有趣，但它本身既不稳定也不可靠。

我们准备并最终度过了声名狼藉的千禧年。1999年12月31日，每一个人都屏住了呼吸，大家都在想，如果整个世界都变得依赖于电脑来维持一切，这个世界是否会崩溃。还好，什么都没发生！即使在没有做好准备的国家，也没有发生任何事情。那天，我在电视上看到了世界上每一个时区都在庆祝2000年的到来。我随后为孙辈们写了一份记录。这是一个平静的好日子，没有发生意外。

诚然，我们也经历过不幸的时刻，失去了一些演员同事。我很难过，记得指导委员会在耶稣受难日还和华特迪士尼公司总裁弗兰克·韦尔斯共进午餐，两天后，就在星期天的复活节竟然在电视上看到他在一次直升机事故中丧生。他是个了不起的人。

多年来，我们在多样性和包容性方面取得了长足进步。尽管还有很长的路要走，但大家仍然专注于尊重、欣赏和重视每个人这一至关重要的问题。这是你能为同事、客人或客户和你的企业做的最重要的事情之一。我在这里学到的经验是，我必须亲自承担起这个责任，才能使之成为现实。通过运用我的职位权威和沟通技巧来说服他人积极参与，我们可以为每个人创造合适的文化和环境。我必须在多样性问题上采取公开立场，就像华特迪士尼世界度假区的许多其他领导人一样。我希望你也能这样。如果你处于领导地位，你就不能在这个问题上持消极态度。

在迪士尼工作的16年里，我学到的东西比我在职业生涯的头25年里学到的更多，但我认为自己仍然有很多东西要学。我已经工作了41年。截至2006年7月8日，我在迪士尼工作了16年。我有三个孙子，他们住在离我一英里远的地方。我已经结婚35年了，我们搬了11次家。1993年6月我们搬到奥兰多时，普莉西拉购买了她的第一辆新车。我和她商量好了，如果她能开10年，我们还会买，结果她开了13年。（我想告诉你，我终于给她买了一辆新车，多么大气啊！）我们爱奥兰多，也喜欢迪士尼。事实上，几年前普莉西拉告诉我，"李，规矩点，别被炒了——因为我喜欢这里。"

据我计算，在华特迪士尼全球度假村的这16年里，我的经验账户至少又增加了500万美元，这让我的经验总价值达到了1500万美元。经验价值是安全的。它永远是你的，并不能像股票市场或房子那样贬值，所以在这个领域投资是值得的。

在第九章中，我将总结这一点，解释为什么到目前为止在我的职业生涯过山车上发生的每件事都是有帮助的。

第九章

∶

**人生永远值得
去冒险**

∶

啊！那是在大型职业生涯过山车上的一次快速旅程。这个旅程开始于八章前，那时我才20岁，单身，身无分文，还有，刚从美国陆军退伍。我从大学退学，在华盛顿特区的华盛顿希尔顿酒店担任宴会服务员，这是我在酒店领域的第一份工作。

而现在，是2006年5月，我62岁了，已经和普莉西拉结婚38年了；我们有一个37岁的儿子丹尼尔，一个法国儿媳瓦莱丽和三个活泼可爱的孙子，他们的名字分别是朱利安·查尔斯、玛戈特·森夏恩和特里斯坦·李。我特别喜欢特里斯坦中间的名字。当你的孩子用你的名字给他们的孩子起名字时，你就知道你变老了。

眼下，我正在做我的第24份工作。普莉西拉和我搬了11次家。在过去的41年里，我为三家著名的大公司工作：分别是希尔顿酒店8年，万豪国际17年，华特迪士尼公司16年。我现在是华特迪士尼世界的高级执行副总裁，负责所有的业务。我有一份理想的工作，这份工作每个人都会喜欢。我在1965年从未想过能得到这份工作。当我在希尔顿开始我的职业生涯时，迪士尼世界还没有开张。

我和普莉西拉的11次搬家当中包括一些非常有趣和奇妙的城市，我们享受曾经生活过的每个地方，除了一个，因为仅在那里住了90天我就被解雇了。这些城市依次是：华盛顿特区、芝加哥、纽约市、洛杉矶、兰卡斯特、费城、芝加哥、华盛顿特区、斯普林菲尔德，法国巴黎，最后是奥兰多。

彼时正值我职业生涯的顶峰时期，而接下来我所做的事情让很多人瞠目结舌。我离开了迪士尼，并且决定不再在其他大公司另寻出路。我宣布，将在2006年7月28日从迪士尼退休。我下定决心，生活中一定有比为大公司工作更重要的事情。话说我又患上了一种叫无聊的病。因为做同样的工作已经将近10年了。

我决定成立自己的公司，没有老板，没有公司规定，没有成本管理目标，没有PPT展示，没有深夜的预算会议，什么都没有，只有我每天早上爬下床的时候自己想做的事。我决定要成为一名作家，不仅如此，还要成为演说家和教师。多年来我一直在写作，我相信自己有很多知识和经验可以与他人分享，这将给他们的职业和个人生活带来巨大的价值。有人曾经告诉我，有三种方法可以留下遗产：生一个孩子，写一本书或者种一棵树。这三种方法中，我还有"种一棵树"没完成。你不会因为在一家营利性公司获得高级别职位而给后人留下什么，如果你是一位伟大的老师，并帮助许多人变得比他们想象的更好和更成功，那就不一样了。另一种方式是，你做了一些改变世界的事情；比如史蒂夫·乔布斯或者华特迪士尼——你的遗产不会是你所从事的工作，而是你为他人所做的一切。

阿尔·维斯为我组织了一个很棒的退休派对。我的许多团队成员和其他人站出来，发表了对我及我个人领导力的肯定。但我退休的亮点是，在魔法王国的美国大街上为我开了一个窗口，它就在上城区珠宝店的上面。此外，我还得到了一个定制的四英尺高的米奇，它是在迪士尼中央商店设计和制造的。这个纪念物被命名为"飓风米奇"，因为米奇身穿黄色雨衣，一手拿着手电筒，一手拿着手机。礼物是维修部主管杰夫·瓦勒和他的团队想出的创意，这让我想起了2004年奥兰多遭受三次飓风袭击的时候，大家在迪士尼世界指挥中心日夜守护迪士尼世界的时光。

在我宣布退休之前，我曾与迪士尼大学的主管和阿尔·维斯进行了讨论并达成协议，成为迪士尼大学的行政发言人，并与迪士尼大学合作共同撰写一本关于迪士尼领导才能的书。阿尔和迪士尼大学一致认为这将是一个很好的合作项目。迪士尼大学创建了执行发言人体系，我和迪士尼幻想工程①的前负责人——一位50岁的演员马蒂·斯克拉是其中的成员。我们可以代表迪士尼大学发言。

2006年7月29日，在我退休后的第二天，我开始写第一本书《创造魔法》。我花了两年多的时间来完成这本书，并于2008年10月8日出版。目前，它已经在世界各地以14种语言出版。我雇了一位纽约文学代理人林恩·富兰克林来代表我与美国和国际上的出版商谈判，并最终选择了兰登书屋作为美国的出版商。此外，我还聘请了一位来自加州的专业作家菲尔·戈德伯格撰写了一份专业的出版计划，提交给出版商，然后他拿到我的手稿把它修改成为一本畅销书。

---

① 负责设计和建造全球迪士尼主题公园和度假区的业务部门。

而且，我聘请了前迪士尼员工约翰·范·霍恩为我开发了一个网站：www.leecockerell.com，还聘请了朱迪·马伯里在领导力博客和播客中管理我的课程，除了我的网站之外，iTunes、Stitcher Radio和iHeart Radio上也有《创造魔法》一书的内容刊载；我雇了一对多伦多的夫妇，迪德拉·琼斯和她的丈夫罗伯特·马兰开发了我的应用程序——创造魔法：无休的指导和培训。这款应用程序已经可以在苹果手机上使用了，安卓手机上还待研发；我聘请了一位计算机专家格雷格·克莱顿来处理我的电脑问题，并教我如何更熟练地使用电脑；我与中佛罗里达大学合作，为我的研讨会设计并印刷了一本工作簿。这本工作簿的标题是：领导力、管理和客户服务方面的经验。我用这本工作簿在世界各地举办为期一天到两天的专题讨论会。我和其他巡回演讲的人不同：我不使用幻灯片，然而我的观众喜欢我的演讲。要想办法脱颖而出，与众不同。

再次强调，"职业魔法"中最重要的一课，就是让你的身边有许多专家，要让他们长于自己所做的事情，也有能力让你变得出色。除此之外，我还聘请了一位专业的私人教练——安德鲁·诺布尔，以便让我保持健康。自2010年以来，我一直和他每周一起锻炼两次，现在的我比当初20岁时更强壮。如果你不想50岁以后摔了一跤就臀骨碎裂，让你的余生都坐在轮椅上或者使用拐杖的话（当然前提条件是没有摔死），那你最好要多做力量练习，而非有氧运动。

2012年，兰登书屋打电话给我，告诉我他们想让我再写一本书，因为《创造魔法》卖得很好。一开始我对此并不感兴趣。写书是一件工作量很大的工作，而我算是已经退休了。但我们一直在交涉中，我最终同意撰写第二本关于客户服务的书：《客户规则》。我和菲尔·戈德伯格只花了9个月就完成了，并在2013年3月15日出版了《客户规则》。到目前为止，它已经被翻译成10多种语言出版。许多公立学校、学院和大学都在课堂上使用我的书。我们为大学教授开发了《创造魔法》和《时间管理魔法》的教师指南，并将很快为《客户规则》提供教师指南。

目前，我的工作包括公开演讲、发表主题演讲，为世界各地的公司举办为期一天的领导力管理和客户服务研讨会，以及与迪士尼大学进行长达10年的合作。

退休后，我所做的最好的事情之一就是支援军队的工作。16年前，我在迪士尼游艇俱乐部度假村的陆军参谋长举行的领导会议上首次与20位陆军将领交谈。这些年来，我一直与他们合作。我甚至有幸在2011年的战争中前往伊拉克，为伊拉克从北到南各地的部队和驻巴格达大使馆的国务院雇员举办了13次关于领导力、管理和客户服务的讲习班。在那几年前，我甚至有机会和金骑士陆军降落伞队一起跳伞。

我现在正与一个小组合作，为企业家推出我们的新在线学习网站：www.Thrive15.com。该网站有数百个约15分钟的娱乐视频，教你如何做每件事，从雇佣到解雇；从制定面试到如何成为一个更好的领导者、更好的管理者以及如何让你的公司拥有世界级的客户服务。需要付费订阅，但军人可以免费订阅。使用促销代码"MAGIC"查看能免费试用30天。

另一个很好的学习网站是www.thesportsmindinstitute.com。在这里，你可以向我和一长串著名和成功的体育人物学习。这两个网站都有批量折扣。

所以，正如你所看到的，在相继经历了大学辍学、退役、离开希尔顿、被解雇、与万豪的升职擦肩而过以及从迪士尼退休之后，我依然把生活过得多姿多彩。

结论和我沿途学到的东西

我已经在世界各地结交了很多朋友，许多人现在仍然和我是好朋友。我们对这个世界了解了很多，我认为旅行的机会是所能接受的最好的多样化教育之一。你生活过的地方越多，你所接触的文化和人越多，你就会变得越宽容。我学到了教育、经验和旅行作为自我发展的重要优势的价值。

有一点可以肯定的是，每个地方都有自己的比萨风格。它可能并不总是被称为比萨，但它总是某种生面团，有很多种配料或蘸酱，无论你是在美国、印度、伊拉克、葡萄牙、科威特，还是法国，皆是如此。我认为面包可以定义你生活的每一个地方。当然，最好的长面包和羊角面包肯定是在法国。

到目前为止，我的职业生涯包括了很多事情：

· 有时充满了喜悦和满足，有时充满了不确定和失望。

· 时而处于巅峰，时而待在谷底。

· 有时我不知道我会为此付出怎样的代价，有时我怀疑自己是否犯了人生中最大的错误。

· 有时在工作、投资、人际关系以及对待别人的方式上做过很多糟糕的决定。

我是那些从未有过职业规划的人之一。我没有什么五年的目标，甚至从来没有想过要达到这些年来我所取得的职位。我和我的高中老师们一样惊讶于自己今天所取得的成就。我相信他们会告诉你，这不可能是当年的李·科克雷尔，那个在阿德莫尔高中大部分时间拿C和D的学生。

我成功的基本哲学是每一份工作我都比别人做得好，而且似乎我这样做了，我就会时不时地得到提升，是我母亲教会我这种勤奋好学的素养。所以，谢谢你，妈妈。

每当机会降临之时，我通常是最惊讶的那个人。我总是选择担任下一个职位，尽我所能做到最好。我从不为一件事或一次晋升而大声疾呼，因为我通常很惊讶自己得到了这份工作。在我的职业生涯中，我大部分时间都在埋头苦干，机会总会在我准备好的时候出现。

我在职业生涯中取得了如此多的成功的原因之一是我娶了一个圣人——或者我应该说，是因为她同意嫁给我。没有普莉西拉的理解，包括频频搬家，还有长时间工作和偶尔的压抑，我确信我不会成为今天的我。

有一天，我对普莉西拉说："这些年来没有自己的事业和工作，你不觉得很难过吗？"她说："我不觉得，事实上，如果我没有待在家里照顾这个家庭的一切，你就不会成为今天的你。你不必担心家里的任何事情，这就给你留出了时间和精力关注你的事业。"

她一直都头脑清晰，切中要害。我从来没有这样想过，但经过一段时间的思考后，我认为这很有道理。从事酒店行业，尤其是在餐饮行业，使我的工作时间很长，每周工作的天数是不可预测的。普莉西拉在抚养我们的儿子丹尼尔方面做出了一项世界级的工作。

有一次，我和一个人谈论冗长的工作时间，这个人对我说："李，不仅仅是你的职业需要长时间的工作。任何努力想要成功的人通常都要长时间工作，不管他们是城里最好的保险代理人、汽车销售员、律师、身为海军上将的部长、秘书、学生、老师、餐厅经理、父母、祖父母、总经理等等。我很遗憾地告诉你，要想通过努力取得高水平的成功，你通常必须努力工作。"最好的运动员总是练习又练习，他们比任何人都努力。

我一次又一次地听到，这一代或那一代的人不想工作得太多，他们想要更多的时间休息，事情已经不像以前那样了。我不完全相信这种说法。然而，我确实相信，大多数人都希望在职业生活和个人生活之间取得平衡。

我也想这样做，我相信你可以两者兼得，但要做到这两点，你就必须努力让工作有条理，不只是考虑平衡你花在工作或个人事务上的时间，而是想想你每天都在做些什么。如果你在努力管理你的生活，那么买我的书《时间管理魔法》也许是个比较好的选择。这本书不仅仅是关于时间管理。它应该被称为"时间和生活管理"，因为它真正教你如何管理你的生活，而不仅仅是你的时间。你的目标是让你的整个生活都在掌控之中。

我最喜欢的两句爱因斯坦的名言是：

· "一个人的价值应该在于他所付出的东西，而不是他所得到的。"

· "只有两样东西是无限的：宇宙和人类的愚蠢；对于前者，我还没那么肯定。"

关于我在博客和创造魔法播客上的领导力课程，倘若要我自己说的话，每周都会给出好的建议和要点，告诉你如何思考，如何创造职业魔法，如何成功地管理工作之外的个人生活。我建议你花点时间阅读博客，并在www.leecockerell.com上收听播客。

读我的博客不超过5分钟，每周听我的播客只需15分钟，在我看来，这是很少一部分时间，但你能学习更多关于你所选择的职业方面的知识。如果你是一名职业领导，我相信你有责任在以下方面不断发展自己：

· 技术能力。

· 管理技能。

· 科技能力。

· 交际能力。

· 领导能力。

这些是你每天都应该思考的领域。你必须让自己相信你对领导的信念和你将如何践行它。学习领导力是充分发展自己信念的方法，它将转化为你实践领导力的方式。

这是一个基本的概念，如果你想成为一个成功的领导者，你就必须掌握这个基本概念。

· 你每天、每月、每年都做了些什么来提高你这五个方面的能力？

· 你读了哪些关于领导力和管理领域的书？

· 你想通过哪些课程来提高自己？

· 你有哪些弱点可以通过培训、辅导和咨询来改善？

· 你在努力弥补这些弱点吗？你有没有复习过我的书《创造魔法》《客户规则》《时间管理魔法》来对自己做得好的事情和需要改进的地方做一个自我分析？

所有处于领导地位的人的主要责任是为他们的同事创造一种积极的文化和环境，以便他们能够发挥自己的能力。

· 让他们感到自己很特别。

· 让他们觉得自己被当作独立个体对待。

· 让他们觉得自己受到尊重。

· 你作为领导者，帮助他们变得更有见识，培养他们，帮助他们从技术、身体和情感方面理解他们的角色。

我们称这种环境为领导者能够创造"优秀员工"的环境。这就意味着你，作为领导者，创造了一种文化和环境，让每个员工都能投入到他的工作中。在这种环境中，每个员工都能以个人最高水平发挥自己的作用。善于创造这种文化和环境的领导者能够在员工表现、客人或客户满意度和业务水平方面取得最大的成就。

这是常识，但是由于各种原因，许多领导人并没有把注意力集中在这个问题上。有些领导者过于关注自己角色的价值层面，以至于他们根本不关注他人。不管他们是否知道，这最终都会拖他们后腿。通常他们在事业上不会走得像他们想要的那么远，而且常常不知道为什么。记住这句谚语："不要傻到忘记了工作是通过人来完成的。"对我来说，一个领导者怎么会理解不了这个简单的概念，这让我感到惊讶。问题在于，当领导者更多地关注自身的成功，而不是自己的员工时，文化和环境是有问题的。领导和他的同事都会遭受痛苦，你的客人或客户和你的业务成果也是如此。

组织混乱和无法完成任务是许多领导者所面临的另一个大问题。技术能力固然重要，但与领导力和管理能力相比，其必要性较低。我想，除非你是一个IT专业人士，那么你入门所需要的才是专业知识。

另一方面，技术能力并不是什么大问题，因为大多数人都知道如何做他们应该做的事情；然而，如果他们没有条理，领导能力差，他们很难完成任务，这就是问题所在。

无论你受过多好的教育，在哪里上学，或者你有多强的技术能力，如果你不能完成任何事情，或者因为你的原因，没有发现同事们真正的潜力，导致你们的成就远远低于你们的潜力，那么作为领导者，你还有很长的路要走。同时，你也发挥不出自己的潜力。如果你不能激励你的同事并与他们建立信任，你将无法取得最好的成果。

在我的职业生涯中，我学习了一些东西，其他的自然而然就学到了。倘若我在职业生涯的开端，就能在所有这些领域都接受万豪和迪士尼水平的培训，我就能在更早时候成为一个更好、更有效率的领导者。

第十章

思考让人生
更加厚重更有质量

我现在拥有完美的生活。这时，我已经退休两年了。我已经写完了第一本书。我的咨询、教学和演讲业务进展顺利。我很健康，对未来充满信心，直到2008年8月6日，我的整个世界开始崩溃。普莉西拉一个多星期都感觉身体不太舒服。某个周日，她告诉我她的胃很疼，需要我带她到急诊室。

不到10分钟，我们就到了菲利普斯医院急诊室。当我们到达时，普莉西拉疼得甚至坐不稳。最后她躺在地板上，这样她就可以分散和消除一些不适。工作人员快速做了CT扫描，发现她的结肠上有两个脓包。多年来，她一直有憩室炎，但没有什么更严重的问题。医生随即让她住院。

在接下来的两周里，他们给她注射了强力的抗生素，最终感染控制住了，这样她就可以出院回家了。之后的30天，护士们又来家里给她注射了抗生素。经历了这一切之后，生活慢慢地恢复正常。然而，好景不长。

在接下来的检查中，医生告诉普莉西拉，她需要切除乙状结肠以避免将来复发。我们计划在2008年8月6日进行手术。同一天上午11点，我完成了我的第一本书《创造魔法》的音频录音，然后在普丽西拉动手术前去医院看她。我吻了她之后，她就进手术室了。

这是两年来噩梦的开始。手术持续3个半小时。普莉西拉在医院待了5天，我于8月11日带她回家。到13号早上，她感到非常痛苦，至今都记不清那天到底发生了什么。

我打电话到她医生的办公室，医生让我把她送回医院，他们会让她住院。这是一个时间管理的故事。医生告诉我，我可以马上带她去，也可以等到那天下午晚些时候。我选择立即把她送到医院，并给她登记了手续。

参观无人地带

假如我再晚一点，她现在就不在人世了。当时，我们在医院登记了，但没有可用的房间，因为还没有病人出院。我们被安置在急诊室外面长廊的一个轮床上，没有人给普莉西拉治疗。我们在"无人地带"陷入了进退维谷的局面。医生和护士随处可见，但没有人愿意治疗她，因为她既不在急诊室里，也不在医院病房里。

领导们会在你最意想不到的时候站出来

那天，我为接下来的两年学到了一个关于领导力的很重要的一点——领导们会在你最意想不到的时候站出来做正确的事情，不管事情有多难。

在这个持续了两年的恐怖故事中，第一个领导者在我们最需要他的时候出现了。一名从急诊室出来休息的医生向我们走来。我拦住了他，告诉他发生了什么事，普莉西拉在本周早些时候做切除手术后是如何被要求再次入院，但现在却没有房间。我向他解释说，没有人治疗她，她很痛苦，需要止痛药，她需要补水。他关切地看着我，说：
"但我不能那样做。"我问"为什么"？他说"她不在急
诊室里"。他想说但没有说出口的是，这会引起一个重大的
法律问题。我告诉他我理解，但她现在真的需要治疗。我永
远不会忘记他说的话："好吧，我来处理。"这才是领导所
为。领导们总是站起来做正确的事情，而不是担心法律或
像其他人身安全之类的问题。就像他们说的，勇敢就是尽
管害怕但也会做出行动。我认为是这位医生救了普莉西拉
的命。他为普莉西拉做了检查，弄了些止痛药，然后给她
静脉注射。

几个小时后，普莉西拉入院了。医生给她做了全身检
查后，告诉我普莉西拉睡着了，而且她所有的生命体征都很
好，因此我可以回家了。他们会给她做CT扫描，因为这不可
能出现什么严重问题，所以我就离开了。

我第二天早上7点，我回到医院来到普丽西拉的房间，可
是她不在那里。护士花了大约15分钟才找到她，并告诉我她
在重症监护室。那是我生命中最长的15分钟。

原来在CT扫描显示她的第一次手术失败了之后，医生给
她进行了紧急手术。七天后，她凭借呼吸机醒过来了，因为
八天前肠切除手术失败后的感染，所以在接下来的五个月她
必须戴着结肠造口袋和负压创面治疗机生活。

我不会告诉你我们在接下来的18个月里所经历的所有血
淋淋的细节，但我要告诉你，我们一次又一次地遇到真正的
领导者，他们是非凡的护士和医生，他们所做的贡献远远超
出了技术人员、管家和自助餐厅工作人员的职责范围，他们

一再地加紧工作，远远超出他们被要求的工作负荷。

普莉西拉总共在医院待了64天，在与保险公司进行调解之前，账单超过70万美元。我必须告诉你，谢天谢地我们有迪士尼的信诺健康保险。信诺分配了一个人照顾普莉西拉，这减轻了我的负担。我会给他们10分的满分评价。它的服务再好不过了。

在接下来的18个月里，我不得不照顾普莉西拉的一切需求。她很虚弱，生活完全不能自理，加上"我们"的结肠造口袋和负压创面治疗机，凡事需要时时刻刻小心。

我说"我们"是因为我和这两个装置密切相关。除此之外，我还得让她每天喝五杯安素蛋白质饮料（60克蛋白质），以使她恢复健康，因为她没有胃口吃正常的食物。她讨厌吃这些，但我让她喝了。我还得让她分别在每天早上7点、中午12点和下午5点下床三次，然后带着她用步行器在房子里走20圈，这样她就会变得更强壮。她也不想这样做，但我很坚持，我们时不时地会说几句话聊聊。

我们俩有时都会感觉不舒服，都想爬回床上。然后，我想了一个新法子来确保她走完20圈。我在大厅里放了一张桌子，称呼它为收费站。我给普莉西拉20张扑克牌，并告诉她每次经过时的通行费都是一张扑克牌，我会坐在收费站，在我的电脑上工作，并收集通行费，当我拿到了20张扑克牌时，我就会让她上床休息。当然，我不会告诉你她对我说了什么。

普莉西拉慢慢地好转了，有一天她的身体终于恢复了正常，感觉很好，但是我们仍然有一个很大的问题。她看起来很棒，精力也很好，但是她的左边仍然挂着一个结肠造口袋。现在我们该怎么办？去掉结肠造口袋是一个很大的手术，而且成功率不高。我们非常害怕，直到遇到了另一位伟大的领导者，他被许多人认为是世界上最好的结肠和直肠外科医生之一。我和普莉西拉约了个时间去见保罗·威廉森，他花了三周的时间来研究普莉西拉的医疗档案，当时这份文件有五英寸厚。当时，威廉森医生走进房间，看着普莉西拉说："普莉西拉，你会没事的。你是那种我喜欢治疗的病人。"然后他说："我认为我的每一个病人都是上帝的礼物。除了我，在手术室不会有人碰你的。我会给你做好手术，然后缝合。手术前我会去教堂寻求额外的帮助。"他接着告诉我们，普莉西拉还需要三个月的康复时间才能做手术。那一天终于到了。威廉森医生告诉我们，手术大约需要4个半小时，而那场手术最终花费了9个半小时。每隔一小时，就会出来一名护士，让我了解它的进展，主要是为了让我放心，一切安好。

手术结束后，威廉森医生出来告诉我普莉西拉情况不错。我对他说："保罗，为什么花了这么久？"他的回答是每一位伟大的领导人遇到困难时都会说的。他说："我照我说的做了，我治好了她，她会没事的。"

关于这件事，我最后要告诉你的是，我最终患上了焦虑症和抑郁症，用欣百达治疗了一年半才重归正轨。同样，我也很幸运地找到了一位伟大的医生，他叫罗德里克·亨德利，同样也是一位领导者。我去见了他，那时我的身体状况很差，依赖上了安眠药和络艾塞半，一种可用来减轻焦虑的麻醉药。会谈之后，亨德利医生说了我在那段时间里听到的最动听的话。他说："李，我预计你会没事的。你因妻子的病而长期处于压力之下，你患的是情景性抑郁症。"威廉森医生对普莉西拉也是这么说的。亨德利医生不仅鼓励了我，他还给了我他的手机号码和家里座机号码，并告诉我，如果我有任何问题，我可以随时与他联系。世界上谁能做出如此伟大之事？是领导人！他还告诉我，他很高兴我来了，因为很多男人都不会来寻求帮助。他说，通常是女性会，但男性不会，如今80%的抑郁症都可以治愈。伙计们，这里的经验是——当你需要帮助的时候，就去寻求吧。

回到本书的第十章，我在思考如何结束它，我想告诉你我所记得的多年来学到的所有东西。希望这能让你在坐职业过山车的时候给你些精神食粮。

我了解到，为了实现你的目标，你必须注意自己的健康。我在这方面学到的东西是让锻炼成为我日常生活的一部分，并像其他重要的约会一样安排它。如果你足够认真的话，就将它写在你的日历里。我还学会了安排年度体检，因为无论你做了多少运动，预防疾病和早期发现是很重要的。还需要安排年度眼科检查和牙医检查。我差点忘了我们住在佛罗里达，所以每年也会去看皮肤科医生。你很难相信一只小鼹鼠就能杀了你，但它就是可以。

我知道每年应该洗两次牙，而我本人就是这么做的，而且自从几年前我在牙医诊所看过那个写着"用牙线清洁你想保留的牙齿"的牌子后，我就每天都用牙线。牙线可以节省额外看医生的时间和金钱，这对我来说很好。牙线剔牙只需要60秒就能搞定。

还有，先生们，一定要做那些令男人讨厌的测试。它们没有你听到的谣言那么糟糕，而且它们比生病要好得多。不接受年度体检的男性生存统计数据并不乐观。

我学到的另一件事是听从医生的建议，比如服用适量的维生素、戒烟、减掉25磅体重以及其他推荐的事情，如果你信任他的话。假使你不信任你的医生，那就去找另一个。我曾一度在同一个医生那进行了22年的年度体检。我不能误导他，因为他有我的档案，他也知道22年前我有多重。我现在的体重和高中时一样重。这是很难的，但当你做艰难的事情时，生活就变得容易了。

我认为，保持健康的体重比锻炼更重要。如果两者都做到了，那就更好了。你要保留一条22岁时的裤子，看看你30岁、40岁和50岁时是否能穿上。例如，我的胆固醇指数曾经是230。经过锻炼，它下降到173。现在，随着我的饮食结构的改变，它又降到136。证据就在布丁里（美国习惯用语，即实践出真知）。对男性来说，适龄时要做的五大测试是胆固醇（避免心脏病）、结肠（避免癌症）、前列腺（避免癌症）、血压（避免中风和心脏病）和葡萄糖（避免糖尿病）。你知道这些数据的正常值吗？

当你接受测试的时候，他们会让你知道其他的重要器官长什么样，比如你的心脏和肝肾。我写这篇文章只是想让你知道，大部分的男性都没有参加过年度体检，而且往往发现得太晚了。生命已经足够短暂了，别把它变得更短。

女士们，很抱歉我没有资格给你们提建议，在照顾自己的健康、做好所有适度的检查方面，女性通常做得更好。这是为什么当你参观养老院的时候，那里有180名女性，但只有7名男性。去咨询下你生活中的这些男人吧。

领导者需要做到的一件事是精力充沛。为了拥有更多的精力，起码应该合理饮食，每天锻炼以及获得充足的睡眠。特别是在温暖的地区，要确保你有足够的水喝。如果你感到疲倦，往往是因为你脱水、睡眠不足、没有运动，或者只是吃了一大盘意大利面、一条意大利大蒜面包和两块芝士蛋糕。我说过我会告诉你我学到的一切，也许它能帮到你。

几年前，也就是我58岁的时候，我学到了一件非常重要的事情。多年来，普莉西拉一直告诉我，做伸展运动和保持灵活性是多么重要。我终于听了她的话，现在每天伸展运动10分钟。一开始很难，也没什么乐趣，但结果是惊人的。所以，每周进行五天的有氧运动，两天的力量训练，每天伸展筋骨——是的，你就会感觉好多了。那就是我能工作到85岁或更久的主要原因，如果我选择这样做的话，除非在那之前有人或什么东西对我有影响。我现在的运动是打高尔夫球。我喜欢这项运动，尤其是当观众鼓掌的时候。记住，你必须活着才能有所作为。

在职业中还有什么是重要的？我认为对我来说最重要的是帮助别人。利用你的领导地位和权力去帮助别人，并在他们需要你的时候伸出援助之手。领导者对人们的生活有着惊人的影响。领导者可以利用自己的地位和权力去做好事，也可以做坏事，或者什么都不做。不要做个差劲的大老板，要做个好老师。

盖洛普的罗斯玛丽·特拉维斯在几年前在我的盖洛普领导力简介上给出了反馈，说："李，确保你总是用你的才能做好事。"我认为这是很好的提醒。

人生旅途中充满荆棘。领导者、父母或专业的领导人都有能力帮助引导别人走上正确的道路，使他们的生活比他们在没有指导和援助的情况下更好。

· 有时候人们只需要你去倾听。

· 有时候人们只需要一点点帮助就能打开一扇门。

· 有时候人们需要大量的帮助，这需要你花很多时间。

领导者如何做到这一点，将伟大的领导人和父母与那些普通人区分开来。

如果你想在你的生活中留下一份遗产，那就在人们需要你的时候，优先考虑帮助他们。抓住每一次机会帮助别人。你可能并不总是成功，但作为一个领导者，你至少可以尝试一下。

到目前为止，我的生命中有八个人在我需要的时候帮助了我。他们有些是家人，有些是专业人员。当别人需要我的时候，我也会伸出援手，这也是对帮助过我的人的一种回报。

到目前为止我还学到了什么？我学到的一件事是忘掉指挥链。你们大多数人都不是军人。我试着让每一个和我一起工作的人都明白，我将和任何我想交谈的人交谈，我希望人们能直接和我交谈，并且直接告诉我，不用担心指挥链的问题。指挥链会明显降低做事的效率，它会提供不可靠的事实和信息。因为情感有可能不会被正确地翻译或传递。我不是说在你有问题的时候先忽视你的领导，不给他任何参与机会，我是说，通过指挥链工作并不总是有效的。

那些担心指挥链结构的领导者通常是缺乏安全感的人，他们因为某种原因正试图控制局面。我认为，所有领导人都应该澄清，如果有指挥链以外的人与员工谈论，或者员工想和指挥链以外的人交谈，他们希望得到通知，但绝不应该有任何恐吓或评论的暗示，比如"你为什么不先向我汇报就跟他说？"或者是"我不想你不先跟我商量就告诉他任何事。"依靠指挥链工作的时光已经一去不复返了。那些继续试图以这种方式管理和领导的领导者注定要失败，或者至少要对他们的职业生涯感到失望了。如果你受到这个问题的困扰，就克服它。

我们的下属和阿尔他们的下属在这些年里已经学会了这样工作，而我自己也因为这种管理和领导方式而取得了很大的成功。我的下属可以和阿尔或者他们想要或需要的人交谈。出于礼貌，他们要么给阿尔，要么给我发个语音邮件，并附上简短的讨论摘要。

其次，不要对人进行微观管理。雇用优秀的员工，明确他们的责任、权利和义务，然后放手让他们去做，不要时刻监督他们。时刻监督会让人才快速流失！

此外，共创式领导力是一种新型领导风格，它的时代已经到来。业务都太复杂了，不能再玩那些老式的指挥和控制游戏。

仍然有很多领导者还不明白这一点，他们相信人们不知道自己是谁。这是天真的，每个人都心知肚明。最后一个想明白这一点的人通常是每个人背后都在谈论的领导者。

我可以告诉你，在"9·11"危机期间和接下来的几周里，当我的两个下属，厄林·华莱士和卡尔·霍尔兹具备目前所需的专业知识时，我经常让他们承担起领导职责。在适当的时候，当我能做出最大的贡献时，我就介入进来。最起码我们使用共创式领导的工作方式做出了很有成效的工作。

永远记住，仅仅因为你有更高的薪水或头衔并不能让你比你的下属更聪明。我记得，领导和管理作家肯·布兰查德曾经戴过一颗纽扣，上面写着："不存在有谁比其他所有人都更聪明的情况。"

这让我想到了另一个我在职业发展方面学到的知识，那是我的强项，它叫作"自我意识"。我不知道这是否可以通过学习得到，但没有自我意识的人，注定要失败。如果他们有一些行为或性格特征被认为是负面的，而他们自己没有意识到这些，他们就是缺乏自我意识，这种人只会一遍又一遍地做着同样的事情。它通常与领导行为和人格异常有关。

这就是为什么我们作为领导者，给人们反馈他们的表现，包括个性和行为特征，是如此重要的原因。有些人除非经常得到坦诚的反馈，否则永远意识不到。在这方面，我们都有许多工作要做。

要求你的领导或伙伴给你反馈，并大方接受，不要自我防卫。这可能是你遇到过的最好的事情。

周围有很多人没有自我意识，没有得到反馈，或者没有听取反馈。我可以肯定地知道，一个小小的个性或行为特征已经毁掉了很多人的职业生涯，而这些人甚至从来不知道为什么。对我来说，这和酒驾、开车时发短信或不系安全带一样。太危险了!

　　关于职业发展,我学到的另一件事是尝试做一件很难的事情,这会时不时地增强你的影响力。例如,我做过的几件事是制定迪士尼的"伟大领导战略",向所有演员传授时间管理课程,启动"优秀演员午餐会"作为学习论坛,创建了"主街日记",对组织结构进行了重大调整等。还有一件类似的事是,选择一件、两件,或三件你感兴趣的事,并让自己声名远扬。在我的日常职责之外,我已经发展了三个方面的专业知识,就是时间管理、领导力和服务管理。基于我在这三个领域的专业知识,我现在的生意蒸蒸日上。

　　无论我把时间花在哪个领域,这三件事对我作为一个领导者来说是非常有价值的。实际上,人们认为我是这三个领域的专家,你知道吗,那是因为我花了很多年的时间阅读、学习、上课、教学和实践这三门学科。如果你专注于某件事情足够长的时间,你就可以成为这一领域知名的专家。我也努力通过讲故事的方式来学习成为一个有效的沟通者,我在这方面的努力已经取得了一定程度的成功,希望你会同意我这么说。直到1980年,我才开始关注这些事情,那时我36岁,所以永远不会太晚。山德士上校直到62岁退休时才创立肯德基。世界上到处都有后起之秀的例子,他们在他们关注的领域做出了巨大的改变。如果你有想法并专注于它,你也可以做到,只不过成就或大或小。这也会拓宽你未来的道路。

　　记住,你知道的越多,你就越有价值。那就是他们所说

"知识就是力量"的原因。我还可以补充说："共享知识甚至更强大。"和别人分享你知道的事情，这就是所谓的教学。

在商界，有太多的人认为自己保留知识就是储蓄力量。你可以看到，当联邦调查局和中央情报局没有分享他们有关周围的恐怖活动可能导致"9·11"事件的信息时发生了什么。

直到一位来自联邦调查局的女性工作人员鼓起勇气写信给联邦调查局局长，阐述她的主管们对所知道的事情缺乏跟踪和跟进。她表现出了真正的领导力和勇气，她挺身而出，做出了正确的事情。我想我会把"迪士尼的伟大领导战略"发给这两个机构的负责人。你认为如何？

我学到的另一件事是要灵活变通，不要试图赢得每一场战斗。有时候要让事情顺其自然。把你的子弹留给大战役吧，不要对每件事情都追究责任。大多数事情如果不成功，就有可能会峰回路转。没有人喜欢和那些无论如何都要赢的人一起工作。一种很好的练习方法是，在和孩子玩捉迷藏或其他游戏的时候，让他们赢——不是所有的时间，而是大部分的时间——直到他们的年龄达到能明白竞争力为止。不要用你的职位和薪水来赢得胜利，要用它来教导和影响别人，让他人变得更好。

在职业生涯的后期，我学到的另一件事是在你的日历上留出时间来"思考"。去图书馆或者其他安静的地方，待上至少4个小时或者更长的时间，想想你生活中应该关注的是什么，这叫作"沉思时间"。

最后，我想和大家分享我学到的一些非常重要的事情：

· 搬家那天总是不在家里。

· 当你在玩追逐游戏的时候，穿着衣服跳进泳池能真正吓到孩子们。当我和孩子们玩的时候，我了解到他们喜欢被吓到，喜欢被弄湿。我不知道为什么。他们也喜欢尖叫。这是普莉西拉的侄女凯特教我的。

· 拥有不同年龄、背景、宗教和文化的朋友。

· 尽你所能帮助你的家人和朋友。

· 孩子们把牛奶洒出来并不是过错——这就是为什么人们发明了纸巾。对孩子们要温柔。

· 把一杯红酒洒在白地毯上是一种过错。你的妻子不会原谅你。

· 让你的老板看起来很好。

· 该有信用时，要有信用。学会欣赏他人，认可他人，鼓励他人。

· 不要太把自己当回事（幽默是件好事）。

· 不要爱上你的头衔，除非是祖父或诸如此类的东西（你知道我的意思）。

· 不要认为任何事都是在针对你，专业客观的处理。

· 接受艰难的任务。从长远来看，你会从中获益良多。

· 经常给父母打电话或写信（这个时代是发短信）。

· 给领导带来解决方案，而不是问题。

· 吹嘘你的子孙，让人们看看他们的照片。

· 利用你的权力去做好事。

· 多听少说。

· 体验事物只是为了体验它们。

· 想办法告诉别人你有多欣赏他们，包括你的领导、你的配偶或伴侣，以及孩子。

· 尽情哭，尽情笑。

· 把纸条放进那些给你的孙子或孩子们的塑料复活节彩蛋里，比如去书店，吃煎饼早餐，或者去苹果商店。

· 在你的孙子们吃完早餐后给他们糖果，即使是早上6点半也要确保他们的父母还没起床。

· 不要因为你陷入的困境而责怪别人。

· 在家庭的生日聚会上，戴上小小尖尖的纸帽子，还要准备气球衬托气氛。

· 知道自己擅长什么，并且大部分时间都在做你擅长的事。

· 不要利用你的职位来恐吓别人，你的职位已经够吓人的了。

· 不要太早放弃。

· 系好安全带。

· 开车时，除了开车，不要做任何事（不要发短信、喝酒或化妆）。

· 在你生日的时候给你的孙子们送礼物。

· 不要低估你的影响力。

· 知道什么时候你的行为可能会从执着变成烦人。

· 不要讲笑话或说些伤人的话，然后又说我在开玩笑。那太迟了。

· 要坦率，但要有技巧。

· 如果孩子们明天要上学，不要让他们看电视或玩他们的电脑或手机。他们最终会成为更好的读者，从而转变为更好的学生和更好的成年人。

· 记住，你所相信的大部分都不是真的。仔细想想你内心深处的信念。

· 不要伤害别人的感情。

· 不要摆布你的下属，否则他们会炒你鱿鱼。

· 和孩子们玩游戏，和他们一起看动画片。

· 永远不要说你永远不会。

· 谨慎地使用"不"这个词。

· 寻求真相！所有的故事单独听起来都是合理的。

· 经常告诉那些你欣赏的人，你欣赏他们。

· 经常告诉那些你爱的人，你爱他们。

· 做艰难的事情，生活就会变得更轻松。只做简单的事，生活就会变得更艰难。

· 要想变得更好，永远不会太晚。

这就已经足够了！我说过我会告诉你在我的职业生涯中，所有的事情是如何发生的，我现在如何看待这些年来所经历过的那些起落和痛苦的。我想让你们知道，每一次经历都很重要，它们帮助成就今日的我。

· 如果我没有从大学退学，我就不会在路易斯安那州的波克堡参军了。

如果我没有参军，我就不会在库克的学校遇到特伦斯·比格斯，是他建议我退伍后去华盛顿特区和他一起到华盛顿希尔顿酒店找工作。我也不会在军队里遇到格雷厄姆·克罗马克。后来，在他返回英国之前，我们在华盛顿特区成为室友。最近我通过谷歌重新联系上了他，发现他住在西班牙。

如果我没有去华盛顿希尔顿酒店，我就不会有机会开始获得多年来的经验，这些经验为我的每次晋升都做好了准备。第一份工作就像一座建筑的地基。之后的每一次经历都建立在上一次的基础上。我现在可以说是一座24层的建筑，或者，甚至更高。

· 如果我没有去华盛顿希尔顿酒店，我就不会遇到普莉西拉，我们也不会坠入爱河，然后结婚。如果我没有坚持下去，我们现在也不会结婚了。

· 如果我们没有结婚，就不会有我们的儿子丹尼尔。

· 如果我没有接受在华盛顿餐饮管理办公室的那份低薪文员的工作，并放弃了我那赚钱的宴会服务员的工作，我就不会成为一名经理，从而被提拔到芝加哥——丹尼尔出生的地方。

· 如果我没有去芝加哥，我就不会有足够的经验被提拔到纽约的华尔道夫阿斯托里亚。如果我没有去那里，我就不会有一个像吉恩·斯坎伦那样的领导，是他把我置于他的羽翼之下，指导我，然后把我提拔为世界上最著名酒店的餐饮主管助理。通过在华尔道夫的出色表现，我被晋升为塔里敦希尔顿酒店的行政助理经理和餐饮总监。

如果我没有去那里并与当时的上司相处不好，我就不会到洛杉矶希尔顿酒店担任餐饮主管。如果我没有另一个令人无法尊敬、没让我学到任何东西的领导，我就不会辞职，前往宾夕法尼亚州的兰卡斯特的那家酒店，在那里我仅仅工作不到90天就被解雇了，我得到了一个很好的人生教训。

如果我没有在兰卡斯特被解雇，我将不会在万豪酒店工作17年。

· 如果我在万豪的职业生涯后期没有因为一些政治问题与升职擦肩而过，我就不会在马萨诸塞州的斯普林菲尔德担任酒店总经理了。

· 如果我没有在斯普林菲尔德做得很好，我就不会接受在巴黎担任餐饮总监的迪士尼的工作。

· 如果我没有去巴黎，我的儿子大学毕业后就不会来到法国，这意味着他不会遇见瓦莱丽。如果他没有遇见瓦莱丽，我就会错过我一生中最重要的三次晋升，那就是分别在1995年、1998年和2001年晋升为祖父。

· 最后，如果所有这些事情没有按它们的先后顺序发生在我身上，我就不可能来到迪士尼世界度假区并担任了我最好的角色。当然，除了丈夫、父亲、公公和祖父这几个角色之外。最终，我也不可能获得写四本书并创办自己公司所需的经验和信誉。

这是我一生中第一次对自己所做的事情感到完全满意。我认为自己很幸运，能与世界各地的专业人士一起工作。最近有人让我用一个词来描述我的生活。这个词便是"完美"！

走到这里的确花了一段时间，沿途也遇到一些困难和阻碍，但我按自己的方式做到了，你也需要这样做。最好的建议是，"按你的方式去做——永远不要放弃！"

　　请看下一页的图表，它显示了我的大型职业生涯过山车的样子。到目前为止，这段旅程已经持续了72年之久。正如你所看到的，自从第一次出发以来，有很多令人兴奋和可怕的经历！祝大家在自己的旅程中好运。

李的职业和人生过山车

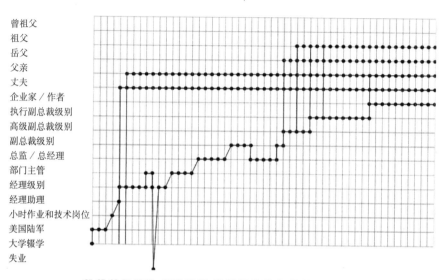

李·科克雷尔的资源
伟大的领导者每天都在寻找更好的方法！

请访问www.leecockerell.com，获取更多的关于领导力、管理和卓越服务方面的资源，包括我的"创造魔法——无休的指导和培训！"应用程序、领导力博客课程和我的书《创造魔法》《客户规则》和《时间管理魔法》。每周15分钟的创造迪士尼魔法播客可在iTunes、Stitcher Radio、iHeart Radio获取，以及我的网站：www.leecockerell.com和特别的免费电话号码701-719-9888。

这里有丰富的信息，可以帮助你加强领导技能。要每天学习和阅读有关领导力和管理的知识。你学习到的关于这方面的知识越多，当你在生活中遇到困难的问题时，你就有更多的资源来解决难题。

为了体验强大、有吸引力和持续不断的教育，它们来自我和NBA名人堂篮球运动员大卫·罗宾逊和无数的百万富翁、每天的成功故事和时间管理大师，请访问这个网站www.Thrive15.com。

登录www.Thrive15.com时，输入促销代码"MAGIC"，你就能够免费试用30天，这是有史以来为商业人士创造的最吸引人的在线课堂。而且记住，当你注册的时候，如果你是军人，可以获得免费的会员资格。

你能在工作或事业中发挥优势吗？通过在ｗｗｗ.
thesports-mindinstitute.com网站上学习世界顶级体育运动
员和商业领袖的个人经历和奋斗精神，你可以从中获得
帮助。

有关领导力、管理和世界级客户服务的主题演讲、讲习
班、咨询、高管辅导和研讨会，请与lee@leecockerell.com
联系。电话：407-908-2118。

关于作者

李·科克雷尔是华特迪士尼世界度假区的前运营执行副总裁。担任高级运营行政人员达10年之久,他领导了一支由40 000员工组成的团队,负责管理20家度假酒店、4个主题公园、2个水上公园、1家购物娱乐村,ESPN体育和娱乐中心,除辅助运营外,还支持着世界第一的度假胜地。

李的主要和持久的成就之一是创造了迪士尼的伟大领导战略,这些策略被用来训练和发展迪士尼世界的7000位领导者。李曾在酒店和娱乐业担任过各种行政职务,分别在希尔顿酒店工作8年,在万豪酒店任职17年,然后于1990年加入迪士尼的巴黎迪士尼乐园开业项目。

李曾分别担任佛罗里达志愿者中心委员会、美国烹饪学院委员会、生产和运营管理协会董事会以及加拿大旅游娱乐公司董事会的主席。在2005年,布杰·布什州长任命李为佛罗里达州州长志愿服务和公共服务委员会主席。

他现在正致力于公共演讲并撰写了关于领导力、管理和客户服务的书,书名为《创造魔法》,截至目前,已经有14种语言的版本。他之前的《客户规则》一书现已有10种语言版本。

李还为世界各地的公司举办了领导力和客户服务的讲习

班和咨询，并代表迪士尼大学发言，一干就是10年。

李曾获以下奖项：

· 由多单位食品服务营运协会（MUFSO）颁发的杰出领导力和商业表现的金链奖。

· 由国际食品服务制造商协会（IFMA）颁发的食品服务行业杰出经营者银奖。

· 由生产和运营管理协会（POMS）颁发的生产运营管理和领导卓越奖。

· 由他的三个孙子，朱利安、玛戈特和特里斯坦颁发的年度祖父奖。

李和他的妻子普莉西拉现居住于佛罗里达州的奥兰多。

© 民主与建设出版社，2021

图书在版编目（CIP）数据

精准成长 /（美）李·科克雷尔著；孙如轶译 . --
北京：民主与建设出版社，2020.5
书名原文：CAREER MAGIC：How To Stay On Track To
Achieve A Stellar Career
ISBN 978-7-5139-3012-3

Ⅰ . ①精… Ⅱ . ①李… ②孙… Ⅲ . ①企业管理
Ⅳ . ① F272

中国版本图书馆 CIP 数据核字（2020）第 061706 号

Published by agreement with the author,c/o the Chinese Connection Agency , a division
of The Yao Enterprises,LLC.
Copyright © 2016 by lee Cockerell.
著作权合同登记号　01-2020-2236

精准成长
JINGZHUN CHENGZHANG

著　　者	［美］李·科克雷尔
译　　者	孙如轶
责任编辑	程　旭
封面设计	MXK DESIGN STUDIO
出版发行	民主与建设出版社有限责任公司
电　　话	（010）59417747　59419778
社　　址	北京市海淀区西三环中路 10 号望海楼 E 座 7 层
邮　　编	100142
印　　刷	唐山富达印务有限公司
版　　次	2021 年 4 月第 1 版
印　　次	2021 年 4 月第 1 次印刷
开　　本	880 毫米 ×1230 毫米　　1/32
印　　张	7.5
字　　数	150 千字
书　　号	ISBN 978-7-5139-3012-3
定　　价	49.80 元

注：如有印、装质量问题，请与出版社联系。